쇼핑 습관을 바꾸자 *Earnsumer*

경제의 틀을 바꾸자 *Atomy*

ATONOMY
ATOMY + ECONOMY

유통의 새 역사 · 경제의 새 패러다임
리스크 없는 글로벌 자영업 **애터미**
맨 손으로 **500억** 자산가 되기

도서출판 미담북스 편집부 지음

"애터미는 일상생활이다"

애터미 회원은
1. 가입=무자본 글로벌 쇼핑몰 창업
2. 아이디=나의 가게, 나의 자산
3. 이익=절약소득(즉시)+수당소득(장기)
4. 생활비=사업비

애터미를 통하여
1. 비전이 생기고 자기 삶의 경제적인 균형이 실현된다.
2. 제품으로 사람들의 건강을 도와 보람과 행복을 느낀다.
3. 홍익 문화를 나누면서 착한 인성을 갖게 된다.

애터미 사업성공필수요건
1. 자기 확신과 애터미의 정확한 이해
2. 무형 자본(시간, 신뢰, 지식, 성실, 인내) 갖추기
3. 행동·실천(Just do it)

애터미 사업자인 당신은 이미 성공자입니다.

성공자 : _____ 님께

본문 중의 QR코드를 판독앱으로 찍으면 관련 자료를 보실 수 있습니다.

Atonomy®(Atomy+Economy), Earnsumer®(Earn+Consumer)는 등록상표입니다.

유통의 새 역사·경제의 새 패러다임 - 애터노미

ATONOMY
ATOMY + ECONOMY

리스크 없는
글로벌 자영업
애터미

맨손으로
연금성 500억
자산가 되기

도서출판 **미담북스** 편집부 지음

[ATONOMY]

절대가격

정선상락

절대품질

책제목_**애터노미**-유통의 새 역사·경제의 새 패러다임
글쓴이_미담북스 편집부 | 발행자_이제식 | 펴낸곳_미담북스 | 주소_서울특별시 노원구 마들로31
T 02-2268-3690 | F 02-2274-7856 | 초판쇄_2017. 4. 17 | 5쇄_2020. 8. 8
등록_1992.1.13 (제2-1304호) | 가격_15,000원 (종이책) | ISBN_978-89-85360-26-5 13320
사업자번호 201-98-19619 Coptright **MeedamBooks** ⓒ
이 책의 내용은 저작권에 의하여 보호받고 있습니다. 무단으로 복제하면 관련법에 의하여 처벌을 받습니다.

플랫폼

대중명품

{ 한 사 람 은
만 인 을 위 해
만 인 은
한 사 람 을
위 한
애 터 노 미 }

[책 을 펴 내 면 서]

내가 나의 인생에서 가장 잘 한 3가지는 애터미를 만난 것이고, 애터미를 받아들인 것이고, 애터미 사업을 한 것이다.

"가난은 나라도 어쩔 수 없고, 스스로를 포기한 사람은 하늘도 일으켜주지 않는다."라는 속담이 있다. 결국 성공과 실패는 본인 문제이다. 이 책의 목적은 사람들 스스로 희망과 용기를 갖게 하고, 이제 생활 상식이 된 '애터미'를 잘 이해토록 하는 것이다.

성공률이 5% 정도인 자영업과는 달리 애터미 사업은 리스크가 없다. 모든 비용과 골치 아픈 일은 본사에서 담당한다. 회원은 누구나 무료로 글로벌 애터미 마트를 자기 가게로 오픈할 수 있다. 오픈하면 흑자 사업이 된다. 여타 대형 마트 대신에 싸고 좋은 애터미 마트에서 구입하면 '절약 소득=내부 소득=즉시 소득'이 발생하기 때문이다. 더하여 소비 포인트가 쌓이면 나중에 '적금 소득=외부 소득=지연 소득'의 목돈을 벌게 되고 성공도 한다. 일석삼조이다. 그러므로 성공 도구인 애터미 사업에서는 실패하면 기적이라고 말한다.

애터미는 그동안 고민이었던 독점적 경제와 재벌 문제를 해결할 수 있는 새로운 경제 시스템이다. 부익부 빈익빈과 재벌은 누가 만들었나? 바로 그들의 제품을 열심히 사준 우리 소비자들이다. 그러므로 이러한 문제 해결의 핵심 열쇠도 소비자가 쥐고 있는 것이다. 소비자들이 합심하여 소비습관을 바꾸기만 하면 된다. 그리고 그에 대한 댓가로 수익을 나누고, 성공까지 할 수 있다. 이러한 유통의 새 역사, 경제의 새 패러다임을 제시한 돈 버는 소비 언슈머(Earnsumer) 경제를 애터노미(Atonomy=Atomy+Economy)라고 할 수 있다.

이 책이 애터미의 모든 것은 아니다. 그러나 애터미 회원이 아닌 일반 사람들에게도 애터노미 경제 방식을 잘 이해하고, 초기 사업자에게도 성공의 도구로써 경제와 시간의 자유를 얻어 행복을 누리는 진정한 성공자가 되는데 나름대로 도움이 되기를 희망한다.

유통의 새 역사·경제의 새 패러다임 - **ATONOMY**

애 터 노 미 ATONOMY | 차례

책을 펴내면서   08

제❶장 | 나를 설득하기   13
01_다음은 없다   14
02_86,400 : 2,628,000 : 31,536,000   16
03_어떻게 생존할 것인가   18
04_돌과 도토리   20
05_병아리와 계란 프라이   22
06_나는 어떤 사람인가   24
07_나의 미래는 알 수 있다   26
08_비전 상실 증후군   28
09_벼룩효과 극복하기   30
10_삶은 선택의 합이다   32
11_위기 극복·희망 창출 공식   34
12_삶의 공식   36
13_실패와 성공의 원리   38
14_삶의 대가를 지불하라   40
15_돈보다 꿈을 좇으라   42
16_나의 최대의 적은 나다   44
17_행운아 되기 : 불확실성을 즐겨라   46
18_성공은 실천의 다른 말이다   48
19_목표 성공법 : 스몰 스텝   50
20_편견을 버려라   52
21_부자와 가난한 자의 습관   54
22_사업가와 노동자 마인드   56

제❷장 | 경제가 도대체 뭐지   59
01_폐하, 경제학은 이제 망했습니다   60
02_문제의 자유 경제·실패한 공산 경제   62
03_인간 일자리의 비극 4차 산업혁명   64
04_가난과 행복   66
05_경제 대책 없는 장수는 재앙이다   68
06_가난 구제는 나라님도 못한다   70
07_자영업의 실태   72
08_비가역 경제 : 독점적 자본경제   74
09_가역 경제 : 독점적 경제 해결법   76
10_소비 경제의 끝판 : 언슈머   78
11_미래의 유통 : 네트워크 온라인 쇼핑   80

제❸장 | 애터미는 어떤 회사인가   83
01_애터미 회사 소개   84
02_애터미를 이끄는 인물   86
03_애터미 사훈   88
04_애터미 문화   90

05_경영 목표 92
06_경영 전략과 경영 방침 94
07_창업 이념 96
08_경영 철학 98
09_균형 잡힌 삶을 지향 100
10_동반 성장 추구 102
11_애터미 주력 제품 : 생필품 104
12_팔리는 제품 컨셉 : 대중명품 106
13_승리전략 : 절대 품질·절대 가격 108
14_무한 혜택 : 무한 단계·무한 누적 110
15_위험 없는 무 가입비·무 유지비 112
16_글로벌 원 넘버·원 서버 시스템 114
17_모두 1번 : 상한선 시스템 116
18_글로벌 유통의 신 실크로드 118
19_애터미 주요 행사 120
20_특이문화 척결 운동 122
21_회원가입 방법 124

제4장 | 애터미 보상 플랜 127

01_회원등급 취득조건 128
02_후원 수당 130
03_직급 수당 132
04_애터미 승급기준 및 축하 프로모션 134

제5장 | 왜 애터미를 해야 하나 137

01_우리의 10가지 꿈 138
02_경제와 시간의 진정한 자유 찾기 140
03_절대 망하지 않는 애터미 사업 142
04_맨 손으로 500억 자산가 되기 144
05_애터미와 대형 마트 리펀드 비교 146
06_애터미 시스템 소득과 국민 연금 148
07_노동 소득과 시스템 소득 150
08_진정한 무자본·무점포 사업 152
09_애터미는 성공의 도구이다 154
10_경쟁 분야와의 마케팅 차별점 156
11_셈·적금보다 쉬운 애터미 1억 벌기 158
12_기하급수로 성공한다 160
13_애터미는 모소 대나무를 닮았다 162
14_애터미의 장점 포인트 내려주기 164
15_애터미 사업은 꺼릴 것이 없다 166
16_능력 없는 사람도 성공할 수 있다 168
17_그냥 소비자로도 이익이다 170

제6장 | 어떻게 성공할 것인가 173

01_애터미 사업에 대한 사람들의 의문 174
02_성공의 과정과 요인 176
03_성공 자본을 위한 3가지 공부 178
04_성공의 필수 요인 : 강한 멘탈 180
05_무형자본의 크기는 수당의 크기 182
06_실패하는 자존심, 성공하는 자존감 184

07_생각을 경영하자	186
08_초보 사업자의 초기 마케팅 방법	188
09_조 지라드, 1명=250명	190
10_내 맘의 법칙, 지 맘의 법칙	192
11_회원의 애터미 사업은 판매가 아니다	194
12_호일러와 3의 법칙	196
13_성공의 원본을 복제하라	198
14_성공하려면 행복한 리더가 되라	200
15_성공의 법칙 : 황금률	202
16_시간과 노력의 축지법	204
17_마음과 귀는 바다처럼	206
18_호감기법1: 단순노출과 수면자 효과	208
19_호감 기법2: 근접성·대면 효과	210
20_상대방의 성격을 파악한다	212
21_소통의 성공 프로세스	214
22_성공의 8단계	216
23_성공은 '농장의 법칙'을 따른다	218
24_꿈(미래 사건)의 실현 공식	220
25_목표 설정방법과 이미지 트레이닝	222
26_인생 시나리오 작성하기	224
27_거절율 0%로 처리하는 방법	226
28_무의식으로 기적을 만들자	228
29_박한길 회장의 성공비법 VDR	230

제❼장 | 어떻게 말할 것인가   233

01_설득은 말로 하는 것이 아니다	234
02_머리 귀와 가슴 귀	236
03_말의 힘 1: 플라시보와 노세보	238
04_말의 힘 2 : 첫인상	240
05_초기 대화법1 : 1:1 미팅	242
06_초기 대화법2 : Yes 획득법	244
07_초기 대화법3 : 샘플	246
08_초기 대화법4 : FORM	248
09_공감기법1 : 경청	250
10_공감기법2 : 리액션(추임새)	252
11_공감기법3 : 라포 (마음의 벨트)	254
12_공감기법4 : 페이싱(보조)	256
13_빠른 설득 : 효과와 이익을 말하라	258
14_30초 스피치에 숙달되라	260
15_설득 심리 활용하기	262
16_부정 완충 대화법 : Yes·But	264
17_마무리 대화법	266
18_최고의 성공 비결 : 그냥 말하라	268

제 ① 장 | 나를 설득하기

어떠한 사업을 시작하려면
제일 먼저 자기 확신을 갖고
자신의 마음을 우선 열어야 한다.
자기 확신이 없으면
아무것도 할 수 없다.
이것을 태도라고 한다.
Attitude.

01 다음은 없다

우리는 과거를 살았고 미래를 살 것이라고 종종 생각한다. 그러나 과거는 지나가서 없고, 미래는 오지 않아서 없다. 그저 우리는 지금 연속적인 순간 순간(찰나)을 살 뿐이다. 우리가 어떠한 일을 할 때 "다음에 하지 뭐" 하고 미룬다면 그것은 '없는 미래'에 도전한다는 말이다. 그러므로 '다음'은 없는 것이다. 시인 윤동주의 시 '내일은 없다'처럼 우리의 삶은 지금 바로 이 순간 현재일 뿐이다. 세상에는 3가지 소중한 '금'이 있는데 황금, 소금, 지금이다.

톨스토이가 말한 인간 생활에서 가장 중요한 3가지.*

"당신에게 가장 중요한 때는 바로 지금이다. 당신에게 가장 중요한 일은 바로 지금 하고 있는 일이다. 당신에게 가장 중요한 사람은 바로 지금 만나고 있는 사람이다."

알리바바 회장 마윈이 말하기를 "세상에서 같이 일하기 가장 힘든 사람은 '마음이 가난한 사람'이다. 마음이 가난한 사람은 공통적으로 하나의 행동 때문에 실패한다. 그의 인생은 기다리다가 끝이 난다." 미국의 유명작가 스펜서 존슨(Spencer Johnson)은 "세상에서 가장 소중한 선물(Present)은 바로 현재(Present)이다."라고 말했다. 또한 독일의 사회과학자·사상가인 막스 베버(Max Weber)는 "신이 나에게 준 시간의 낭비는 중죄 중의 중죄이다."라고 했는데 빼빼롱에서 인용하고 있다. 우유부단함의 경고도 새겨보자. "일주일에는 7일이 있지만 '언젠가'는 일주일에 없다."

'지금 당장'이라는 마음 자세에 굳은 살이 박혀야 무슨 일에서든지 성공할 수 있다. 하고자 하는 일인데 하기 싫다면 바로 그 일이 가치 있는 일이다. 망설여질 때 항상 주문을 외워라. '까르페 디엠(Carpe diem)'*

---

*톨스토이의 책 '살아갈 날들을 위한 공부'에서 인간이 살아가는데 있어 가장 중요한 3가지.
*까르페 디엠(Carpe diem) : 호라티우스의 라틴어 시 한 구절로부터 유래한 말이다. 이 명언은 번역된 구절 '현재를 잡아라(Seize the day)'로도 알려져 있다.

과거는 지나가서 없고,
미래는 오지 않아서 없다.
삶은 지금 이 순간
현재일 뿐.

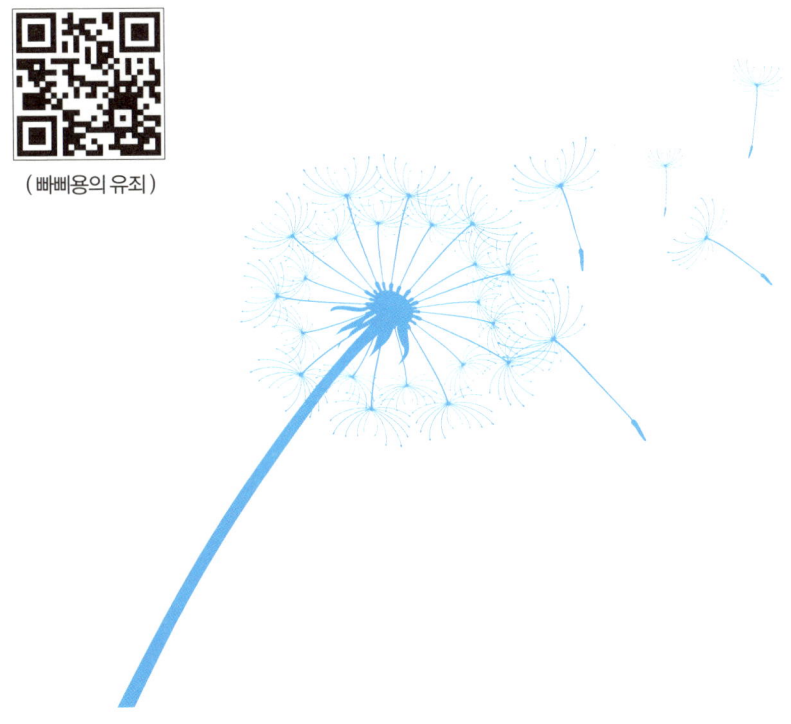

(빠삐용의 유죄)

02 86,400 : 2,628,000 : 31,536,000

1년에 31,536,000원, 한 달에 2,592,000원, 매일 아침 당신에게 86,400원을 입금해 주는 은행이 있다. 그러나 그 계좌는 당일이 지나면 잔액이 남지 않는다. 매일 저녁 당신이 그 계좌에서 쓰지 못하고 남은 잔액은 그냥 없어져 버린다. 당신이라면 어떻게 하겠는가? 당연히, 그날 모두 인출할 것이다.

시간은 우리에게 마치 이런 은행과도 같다. 매일 아침 우리는 86,400초를 부여받고, 매일 밤 우리가 좋은 목적으로 사용하지 못하고 버려진 시간은 그냥 없어져 버릴 뿐이다. 잔액은 없다. 더 많이 사용할 수도 없다. 매일 아침 은행은 당신에게 새로운 돈을 넣어주고, 매일 밤 그날의 남은 돈은 남김없이 불살라진다.

그날의 돈을 사용하지 못했다면, 손해는 오로지 당신이 보게 되는 것이다. 돌아갈 수도 없고, 내일로 연장 시킬 수도 없다. 단지 오늘 현재의 잔고를 가지고 살아갈 뿐이다. 건강과 행복과 성공을 위해 최대한 사용할 수 있을 만큼 뽑아 써라!

1년의 가치를 알고 싶다면, 학점을 받지 못한 학생에게 물어보라. 한 달의 가치를 알고 싶다면, 미숙아를 낳은 어머니를 찾아가라. 한 주의 가치는 신문 편집자들이 잘 알고 있을 것이다. 한 시간의 가치가 궁금하면, 사랑하는 이를 기다리는 사람에게 물어보라. 1분의 가치는 열차를 놓친 사람에게, 1초의 가치는 아찔한 사고를 순간적으로 피할 수 있었던 사람에게, 1,000의 1초의 소중함은 아깝게 은메달에 머문 육상선수에게 물어보라.

시간은 아무도 기다려주지 않는다는 평범한 진리. 어제는 이미 지나가서 없고, 미래는 오지 않아서 없다. 오늘이야말로 당신에게 주어진 선물이며, 그래서 우리는 현재(Present)를 선물(Present)이라고 부른다.

[시간의 소중함을 표현한 말]
▶ 내가 헛되이 보낸 오늘 하루는 어제 죽어간 이들이 그토록 바라던 내일이다 (소포클레스)
▶ 삶의 구성 세포는 시간이다. ▶ 시간은 신이 준 선물이다. ▶ 미래는 현재의 결과이다.
▶ 우물쭈물하다 내 이럴 줄 알았다.(버나드 쇼 묘비명) ▶ 1억의 상금을 건다. 자신의 시간을 1초라도 되돌려보라.

[자동 입금계좌]

하루=86,400초
매일=86,400원
매월=2,628,000원
매년=31,536,000원

03 어떻게 생존할 것인가

같은 환경에 익숙하면 자신의 처지를 잘 모르는 물고기처럼, 현재의 경제 상황에 익숙해진 사람들은 위기의식을 크게 느끼지 못하고 살아간다. 물속이 익숙한 물고기는 낚시에 걸려 물 밖으로 나오게 되면 그 때서야 몸부림치면서 절규한다. "아니 이게 뭐야, 내가 물속에 있었나 보네".

사람들도 마찬가지이다. 경제적으로 폭삭 망하게 되면 비로소 깜짝 놀란다. 잘 나가거나 평온하다가 폭삭한 후 겸손해지는 삶을 고은 시인은 '그 꽃'에서 다음처럼 표현했다. "내려갈 때 보았네./올라갈 때 못 본/그 꽃."

영리한 토끼가 위기를 벗어나기 위하여 굴을 3개(A-B-C 플랜) 판다는 '교토삼굴*'의 지혜'가 경제 상황이 좋지 않은 현재 우리에게 매우 절실하다.

사람들에게 "현재 하고 있는 일을 그만두게 될 때 어떻게 할 것인가?"를 물어보면 대부분 "글쎄…" 하면서 별 대책도 없이 막연한 두려움만 가지고 있다.

교토삼굴은 위기에 닥쳐서 준비하는 것이 아니다. 위기 때는 시간이 결핍되어 큰 그림을 놓치고 미래 준비가 불가능하다. <u>내가 아직은 여유 있고 살만 하다면 지금이 교토삼굴(플랜 B, C)을 준비할 최적기</u>이다. 단 교토삼굴의 전제 조건은 위험에 빠지지 않는 성공의 굴이어야 한다. 지혜로운 사람은 위기를 예상하고 준비한다.

당신은 지혜로운가?

*교토삼굴(狡兎三窟): 꾀 많은 토끼가 굴을 세 개나 가지고 있었기 때문에 죽음을 면할 수 있었다는 뜻으로, 교묘한 지혜로 위기를 피하거나 재난이 발생하기 전에 미리 준비를 해야 한다는 말이다.

교토삼굴 (狡兔三窟)

지혜로운 사람은
위기때가 아니고 여유있고 살만할 때 마련한다.

04 돌과 도토리

주먹만 한 돌이 있습니다.
작은 도토리가 있습니다.
둘 다
사철 비를 맞고 햇빛도 받고 해서
30년이 흘렀습니다.
돌은 주먹 크기 그대로였고,
도토리는 거목이 되었습니다.

이처럼 인간을 포함한 사물이 발전하려면 마음과 몸의 '변화'가 필수이다. 그러므로 성공도 변화 없이는 불가능하다. 지혜 있는 사람은 그러한 차이를 그냥 지나치지 않는다. 이 글을 본 당신은 돌이 될지 도토리가 될지 기로에 선 것이다.
성공한 사람들은 큰 문제가 없다. 그러나 성공하지 못했거나 실패한 사람들이 현재의 상황에서 변화 없이 그럭저럭 막연한 기대로 성공하고 싶어 하는 것은 연목구어*나 고목에서 싹 나기를 기대하는 것과 같다.
변화하지 않는 사람은 돌처럼 어제도 오늘 같고, 내일도 오늘 같을 것이므로 실패자에서 벗어날 수 없게 된다. 과감하게 변화하는 사람은 도토리처럼 거목이 되고 성공을 누릴 자격을 얻게 될 것이다. 콩 심은 데 콩 나고, 팥 심은 데 팥 난다.

***연목구어**(緣木求魚) : 나무에 올라 고기를 얻으려고 한다는 뜻으로, 목적과 수단이 맞지 않아 불가능한 일을 굳이 하려 함.

05 병아리와 달걀 프라이

"알이 스스로 깨면 병아리가 되고, 남이 깨면 달걀 프라이가 된다.", "미련한 자를 곡식과 함께 절구에 넣고 찧으면 곡식의 껍질은 벗겨져도 미련은 벗겨지지 아니한다."*
나를 돌아보자. 나는 변할 준비가 되었는가? 현재 나의 삶이 막다른 골목이고 '오늘이 어제 같고, 내일이 오늘 같다면' 마음의 껍질을 깨고 과감하게 변화를 가져보자. 주역의 '궁즉변, 변즉통*'을 실행하는 것이다.

그러므로 성공의 시작은 '변화'이다. 실패의 과거에서 성공의 미래로 심신 변화의 '임계점*'을 통과해야 비로소 완전히 다른 내가 되면서 성공의 영역으로 넘어갈 수 있다.

그럼에도 대부분 사람들이 "나 이대로 살래" 하면서 변화를 거부한다. 성공자의 고집은 존중받을 수 있다. 그러나 실패자의 고집은 그들이 힘들게 살 수밖에 없는 원인과 이유일 뿐이다.

"말을 물가까지 끌고 가도 물을 먹일 수는 없다"라는 속담처럼 우리는 마음이 열리지 않으면 아무것도 할 수 없다. 실체는 없지만 고집이라는 '마음의 껍질', 즉 고정 관념의 벽은 깨기가 매우 힘들다. 왜 그럴까? 시간이 필요하기 때문이다.

두뇌생리학적으로 사람은 생각한 후 66일 정도를 반복적으로 행동(몰입)하면 뇌의 해마 부위에 기억되고 습관이 된다. 그러므로 특정한 분야를 전공하던가 한 분야에서 오래 일하여 습관이 되면 '고집'으로 고착화되기도 한다. 과거의 습관을 버리고 새로운 분야로 전환하기 힘든 원인과 이유가 된다.

* 잠언 27장
* **궁즉변 변즉통 통즉구**(窮卽變 變卽通 通卽久)의 줄임말. "궁하면 변하고, 변하면 통하며, 통하면 오래간다"라는 의미로 주역 괘(卦)의 상세 해설서인 '계사전'에 나온 글이다. 좀 더 풀어보면 "궁극까지 도달하면 변화가 생기고 변화가 생기면 뚫리고 뚫리면 성공하게 되고 지속 가능하게 된다"라는 의미이다. 그러나 변한 후 해결되지 않거나 방향이 틀리면 실패하게 된다.
***임계점** : 물이 얼음이나 수증기로 변하는 것처럼 물질의 상태가 근본적으로 변하기 위해서 충족시켜야 하는 척도

삶의 발전은
'마음 열기' 부터이다.
알이 스스로[內] 깨면
병아리가 되고,
남[外]이 깨면
달걀 프라이가
된다.

06 나는 어떤 사람인가

성공과 실패의 답은 이미 나와 있다. 사람들은 대개 다음 3가지로 분류할 수 있을 것이다. 각자 이 분류의 거울에 비추어 보자. 자신의 미래가 분명하게 보일 것이다. 계속 키워나갈 것인지, 바꿔야 할 것인지 스스로 판단해보자.

첫째, 스스로 하는 사람 : 어떠한 일을 해도 스스로 능동적, 긍정적으로 하는 지혜로운 사람이다. 당연히 성공의 유전자가 내포되어 있는 사람이다.

둘째, 시키면 하는 사람 : 시키면 행동하는 수동적, 피동적인 사람이다. 성공과 실패의 가능성이 반반인 사람이다.

셋째, 시켜도 안 하는 사람 : 고집 센 당나귀처럼 부동적, 부정적인 사람이다. 성공은 불가능하고 실패의 가능성만 가득한 본능적인 사람이다.

이처럼 성공과 실패의 답은 "밖에 있지 않고 자기 안에 있다." 성공하려면 팔자 탓을 하지 말고 나쁜 인성을 갈아엎고(포맷) 좋은 인성으로 설치(인스톨)해야 한다.

[사람의 3종류]

1. **스스로 하는**
   (능동적, 긍정적)
2. **시키면 하는**
   (수동적, 피동적)
3. **시켜도 안 하는**
   (부정적, 부동적)

07 나의 미래는 알 수 있다

인생 자체가 불안정하여 예나 지금이나 사람들은 점과 사주를 보는 등 자기의 운세를 궁금해 한다. 그러나 그럴 필요가 전혀 없다. 점집을 찾지 않아도 누구나 스스로 자신의 미래에 대하여 정확하게 알 수 있다. 왜냐하면 자신만이 자기의 과거와 현재를 가장 잘 알기 때문이다.

'현재는 과거의 결과'이고, '미래는 현재의 결과'이다. 현재의 모습은 자신이 투자한 과거의 결과(자업자득)인데도 우리는 어려움에 직면하면 "지금의 나는 왜 이런가" 하고 한탄한다. 이러한 삶의 원리를 볼 때에 현재를 희망적으로 바꾸지 않으면 희망적인 미래도 없다.

인과의 자연법칙 '뿌린대로 거둔다'*는 것은 거스를 수 없다. 미래는 어디서 뚝 떨어지는 것이 아니다. 현재의 투자 없이 좋은 미래를 기대하는 것은 '콩 심어 놓고 팥을 기대'하는 것과 같다. 당신의 좋은 미래를 위하여 현재 '결단'이라는 씨를 뿌리자. 세상에 공짜는 없다.**

---

*종과득과(種瓜得瓜)
**어느 임금이 백성들의 무지를 깨우치기 위해 학자들에게 세상의 이치를 책에 담아오라고 명령했다. 학자들의 모든 지식을 담아내니 책으로 12권이나 되었다. 임금은 "책이 너무 많아 백성들이 다 읽을 수 없으니 줄이라"고 명했다. 결국 줄이고 줄여 1권을 만들었지만 왕은 다시 "한마디로 줄이라"고 했다. 고민 끝에 학자들이 결정한 한마디이자 최고의 세상 이치는 '세상에 공짜는 없다'였다. 다른 말로 종과득과 즉 '뿌린대로 거둔다'는 말이다. 거두려면 반드시 심어야 한다.

나의 현재는
과거의 결과다.
나의 미래는
현재의 결과다.
콩 심은데 콩 나고,
팥 심은데
팥 난다.

08 비전 상실 증후군

"비전 상실 증후군은 무의식중에 서서히 익숙해지기 때문에 빠져 나올 수가 없다." (카네기 명언집)

개구리 삶기 (the Boiled Frog)
서서히 적응함으로써 자기도 모르는 사이에 죽어가는 현상이다. 갑자기 뜨거운 물에 개구리를 넣으면 튀어나온다. 그러나 아주 느린 속도로 서서히 가열하면 개구리는 자기가 삶아지고 있다는 것도 모른 채 기분 좋게 죽어가게 된다.

사람들은 지금 자기가 어디에 있고 어디로 가는지도 모르는 채 안일하게 하루하루를 보낸다. 즉 '당장 먹고 살만하여 아직은 걱정이 없으니까, 그래도 성적이 꼴찌는 아니니까, 친구도 많고 큰 걱정거리가 있는 것도 아니니까 이만하면 되겠지' 등이다.

창꼬치 증후군 (Pike Syndrome)과 코끼리의 밧줄
어떠한 일을 해보지도 않고 안 될 것이라며 평가해버리는 것을 말한다.

물고기가 주식이고 기질이 매우 포악한 창꼬치와 작은 피라미를 한 어항에 넣고 그 사이를 투명한 유리창으로 차단해 놓는다. 창꼬치는 피라미를 보자마자 잡아먹으려 달려들지만 번번이 유리창에 부딪히게 된다. 얼마 후 어항에서 장애물인 유리창을 제거하지만 창꼬치는 피라미를 먹으려 하지 않는다. 과거의 경험 때문에 창꼬치에게 피라미는 '먹을 수 없는 것' 또는 '다가가면 고통이 따르는 것'으로 인식된 것이다.

서커스단의 코끼리도 어리고 힘 없을 때부터 밧줄로 매어 놓으면 커서 충분히 끊을 수 있는데도 어렸을 때의 기억으로 '마음의 밧줄'이 생겨서 아예 끊을 생각을 하지 않는다. 나를 한번 돌아보자. 현재 나는 냄비 속 개구리, 어항 속 창꼬치, 매인 코끼리가 아닌가? 이제 고정관념을 버리고 변화하자.

자기도 모르는 사이에
서서히 죽어가는
냄비 속 개구리와
스스로 자포자기하는
창꼬치 증후군,
매인 코끼리 같은
비전 상실 증후군에서
탈출하라.

(코끼리의 밧줄)

09 벼룩효과 극복하기

장기간에 걸친 부정적인 경험이 누적되면 사람은 자신감과 창조력을 잃어버린다. 즉 인생은 목표에 따라 결정되므로 그 목표만큼의 인생을 살게 된다.

한 생물학자가 흥미로운 벼룩 실험을 진행했다. 벼룩을 유리병 속에 넣고 뚜껑을 닫아 버리자, 벼룩들이 유리병 뚜껑에 부딪쳤지만 높이뛰기를 멈추지 않았다. 똑똑해진 벼룩들은 유리병 뚜껑 높이에 맞춰 뛰기 시작했다. 좀 더 시간이 흐르자 단 한 마리도 유리병 뚜껑에 부딪히지 않고 자유롭게 뛰었다.

며칠 후, 생물학자가 조심스레 병뚜껑을 열어 두었지만 벼룩은 원래 뛰던 높이대로 뛰고 있었다. 일주일 후에도 벼룩들은 여전히 뚜껑이 열린 병 속에서 뛰고 있었다. 자기 신장의 100배까지도 뛸 수 있는 능력이 있음에도 그들은 이미 병을 탈출할 의지를 상실한 것이었다. 뛰어오르는 능력이 없어서가 아니라 실패를 거듭하면서 습관이 되었기 때문이다. 이처럼 성공하지 못하는 사람은 자신의 한계를 정해 놓는다. 이를 '벼룩 효과'라고 한다.

그 후 생물학자는 알코올램프로 병 바닥을 가열했다. 잠시 후 병이 뜨거워지기 시작했다. 그러자 벼룩들은 뚜껑에 부딪히든 말든 죽을 힘을 다해 뛰어(몰입*), 마침내 병 밖으로 탈출하는 데 성공했다.

*청년과 포도주잔 : 옛날에 불평 많은 한 청년이 현자로 소문난 왕을 찾아 가서 성공의 비결을 물었다. "저에게 성공의 비결을 알려주십시오. 어떻게 하면 성공할 수 있습니까?"
왕은 대답 대신 포도주를 한 잔 가득히 부어주며 이렇게 말했다. "이 포도주 잔을 들고 시장 통을 한 바퀴 돌아오면 비결을 가르쳐 주겠다. 단 포도주를 한 방울이라도 흘리면 이 칼로 너의 목을 벨 것이다." 바짝 긴장한 청년은 땀을 뻘뻘 흘리며 복잡한 저잣거리를 한 바퀴 돌았고, 다행히 포도주를 한 방울도 흘리지 않았다.
청년에게 왕이 물었다. "시장을 돌며 무엇을 보았느냐. 거리의 거지와 장사꾼들을 보았느냐. 술집에서 새어나오는 노랫소리를 들었느냐?" 청년이 대답했다. "포도주 잔에 신경을 쓰느라 아무것도 보고 듣지 못했습니다."
그러자 왕이 말했다. "바로 그것이 성공의 비결이다. 목표를 세우고 거기에만 집중하면 목표 이외에 온갖 잡동사니는 보이지도 들리지도 않느니라."

한계를 극복하지 못함은
능력이 없어서가 아니라
실패에 길들여진 습관 때문이다.
한계 극복의 해결책은
몰입, 즉 죽을 힘을
다하는 것이다.

[죽을 힘을 다하기]　　[몰입하기]

10 삶은 선택의 합이다

로또 복권 맞을 확률은 814만분의 1만큼 희박하다. 그러나 복권을 구입(선택)해야 그나마 1등에 당첨될 수 있다. 기회를 선택하지 않으면 당첨 가능성은 '0'이다.

우연하게 발견되어 성공한 플레밍의 페니실린 곰팡이*, 협심증 치료제로 개발된 비아그라, 잘 붙지만 잘 떨어지는 모순의 포스트잇 등을 '뜻밖의 선물(Serendipity)'이라고 한다. 세렌디피티(기회)를 만나도 선택하지 않으면 성공 확률은 '0'이다.*

1% 우연이 99% 노력의 결과를 결정한다. (우연의 법칙 저자 슈테판 클라인) 초기값의 미세한 차이에 의해 결과가 완전히 달라진다는 나비효과*가 있다. 어떤 사람은 사고 비행기나 배에 탑승을 하지 않아 기적처럼 살아나기도 한다. 타고 안 타고의 미세한 선택이 삶과 죽음이라는 극단의 차이를 만들어 낸다. 병 속의 물이 남았다는 시각과 비었다는 시각은 둘 다 '진실'이지만 선택에 따라서 완전히 반대의 결과를 만들어 낸다. 그러므로 인생은 이 같은 것들이 모여 만들어지는 '선택의 합(合)'*이다.

사람들은 늘 후회하며 '껄껄껄' 인생을 살아간다. "좀 더 잘 할걸, 좀 더 노력할 걸, 좀 더 잘 해줄걸" 하고 아쉬움과 후회의 삶을 살아간다. "가장 힘세거나 가장 영리한 종이 아니라 변화에 가장 민감한 종이 살아남는다." (찰스 다윈)

한 가지 직업에 오래 종사하면 '고집'이 생긴다. 고집은 두려움을 동반하며 변화의 장애 요인이다. 고집 때문에 좋은 정보인데도 거부하는 '현대의 문맹'을 벗자.

*플레밍 : "나는 페니실린을 발명하지 않았다. 자연이 만들었다. 난 단지 그것을 발견했을 뿐이다. 내가 단 하나 남보다 나았던 점은 그 대상을 흘려보내지 않고 끝까지 추적한 데 있었다."

*현재의 애터미를 있게 한 2006년 대전MBC에서 방영한 '100배나 좋은 화장품 뉴스'를 전국에서 화장품회사 관계자를 포함하여 100만명 정도가 시청했는데 모두 뉴스로 지나쳐 버렸지만 딱 한 사람 박한길 회장만 정보로 받아들였다.

*나비 효과(butterfly effect)는 미국의 기상학자 에드워드 노턴 로렌즈가 1972년에 미국 과학부흥협회에서 실시한 강연의 제목인 "예측가능성-브라질에서의 한 나비의 날갯짓이 텍사스에 돌풍을 일으킬 수도 있는가"에서 유래한다.

*선택의 합: 멘토 김태원(구글 상무)

(화장품 뉴스)

B(Birth)와 D(Death) 사이의 C는 Choice(선택)
(장폴사르트르)

[반이 비었다? 남았다?]

나를 설득하기

11 위기 극복·희망 창출공식

위기 극복 희망 창출공식 = (인정 + 수정) x 열정 + 긍정*

1. 실패를 인정하라

하던 일에서 실패하면 사람들은 인정하고 싶지 않아 끝까지 쥐고 있다가 손실이 눈덩이가 된다. 그러므로 더 이상의 손실을 막기 위한 주식의 손절매*처럼 실패를 과감하게 가슴으로 인정한다. 진심으로 인정하지 않으면 실패로부터 절대로 벗어날 수 없다. 실패를 계속 안고 있으면 경제뿐만 아니라 인간 자체가 자멸할 수 있다.

2. 전략을 수정하라

자존심과 왕년을 버린다. 실패한 과거 전략을 수정하지 않으면 반드시 다시 실패하게 된다. 콩 심은 데 콩 나고 팥 심은 데 팥 나는 종과득과 원리이다. 전략 수정안으로 과거는 수정할 수 없지만 미래는 수정할 수 있게 된다.

3. 열정을 가져라

생각보다 발로 직접 뛰어 원하는 일에 열정적으로 도전한다.

4. 무한하게 긍정하라

어떠한 경우에도 존버정신*으로 절대 포기하지 않는다. 초긍정을 머리속에 깊이 각인시킨다.

*송진구 : 가천대 교수
*손절매(損切賣) : 주가가 더욱 하락할 것으로 예상하여 주식을 매입 가격 이하로 손해를 감수하고 파는 일
*존버정신 : 이외수 작가가 말한 끈질기게 버티는 정신

[위기 극복·희망 창출공식]

(인정+수정) x열정+긍정

실패를 **인정**하라.
전략을 **수정**하라.
열정을 **가져라**.
무한하게 **긍정**하라.

12 삶의 공식

우리의 삶은 시이소 게임이다. 삶의 공식*은 다음과 같다.

희망 + 절망 = 삶 100%

희망 100% + 절망 0% = 삶 100% : 성공자
희망 70% + 절망 30% = 삶 100% : 성공 가능자
희망 50% + 절망 50% = 삶 100% : 보통 사람
희망 30% + 절망 70% = 삶 100% : 실패 가능자
희망 0% + 절망 100% = 삶 100% : 실패자

자살자를 살펴보면 돈과 권력이 최상층인 사람들도 제법 있다. 이 경우 사람들은 돈이나 권력이 없어서 자살하는 것이 아니고 '희망이 없어서'이다. 성공적인 삶을 위해 부단하게 희망을 키우고 절망을 줄여야 한다. 희망 값이 극대화될 때에 성공자가 되고, 절망 값이 커져서 100%에 근접하면 삶의 실패자, 즉 자살까지 하게 된다.
실체가 없고 우리의 마음속에서만 존재하는 희망과 절망은 사람을 살리기도 하고 죽이기도 한다. 그러므로 성공적인 삶을 살려면 마음만 잘 선택하면 된다.
남이 해주기는 불가능하고 오직 자신만 가능하다. 비용이 드는 것도 아니므로 지금 당장 순식간에 할 수 있다. 아주 쉽다. 성공의 에너지이자 실마리인 희망을 선택하여 성공자가 되자.

***송진구** : 가천대 교수

[삶의 공식]

희망+절망=삶100%

마음만 바꿔라.
인생이 바뀐다.

[삶의 종류]

희망100%+절망 0%=성공자
희망70%+절망 30%=성공 가능자
희망50%+절망 50%=보통 사람
희망30%+절망 70%=실패 가능자
희망0%+절망 100%=실패자

13   실패와 성공의 원리

우리 대부분은 정말 열심히 공부했고 일하면서 살아 왔다. 그런데 현재를 결산해 보면 왜 이렇게 경제적으로 힘든지 속상하기도 하고 많은 의문이 든다. 돌이켜보면 가망 없는 황무지에 씨를 열심히 뿌린 결과라고 여겨진다. 한 우물을 파야 성공하는 것이 아니고, 한 우물을 파도 물이 나오는 우물을 파야 한다.

속담에 "누울 자리를 보고 다리를 뻗으라"는 말이 있다. 씨앗을 척박한 땅에 뿌리면 아무리 열심히 일해도 흉년이 들 것이고, 풍요로운 땅에 뿌리면 저절로 풍년이 들 것이다. 이는 '1%의 요소가 99%의 노력을 좌우하는 것이다. 이것이 실패와 성공의 원리이다.

성경에서는 사람의 심성을 4가지 밭*(길가-돌밭-가시덤불-좋은 밭)으로 나누었다. '길가 밭'은 씨앗을 뿌리면 새에게 씨앗을 빼앗긴다. '돌밭'은 싹이 뿌리를 내리기 힘들어 금방 시든다. '가시덤불'은 싹이 트고 자라지만 열매는 맺지 못한다. '좋은 밭'은 30~100배의 좋은 열매를 맺는다.

현재 일이 잘 안되고 삶이 어렵다면 하는 분야가 척박한 땅인 것이다. 실패의 척박한 땅에 인생이라는 씨앗을 뿌리지 말고 가능한 빨리 탈출하자. 아쉬워하지 말고 주식처럼 손절매**하자. 우물을 파더라도 물이 나올 우물을 파자. 내 심성의 밭을 좋게 리셋(Reset)하자.

*마태복음 13장
****손절매** : 앞으로 주가(株價)가 더욱 하락할 것으로 예상하여, 보유 주식을 매입 가격 이하로 손해를 감수하고 파는 것.

씨앗을 **척박**한 땅에 뿌리면 아무리 열심히 일해도 **흉년**이 들 것이다.

풍요로운 땅에 뿌리면 저절로 **풍년**이 들 것이다.

14 삶의 대가를 지불하라

인과의 자연법칙(황금률)은 뿌린 대로 거두게 되어 있다.(종과득과) 우리는 판매점에 가서 1천원을 내고 1만 원짜리 물건을 살 수 없다. 얻고자 하는 것이 있으면 그만한 대가를 지불해야 한다.

동일한 힘이 서로 작용하는 '작용 반작용의 법칙'*처럼 우리가 1천원을 내면 1천 원짜리 물건을, 1억 원을 내면 1억 원짜리 물건을 살 수 있듯이 10억 원의 연봉을 취득하려면 그만한 가치의 자기 삶이라는 대가를 지불해야 한다. 내 삶을 얼마만큼 투자할 것인가에 따라서 보상의 크기가 달라질 것이다.

또한 농부가 자기의 밭에 농사철이 같은 고추와 고구마 중에 고구마를 선택하여 심었다면 고추는 포기해야 한다. 이처럼 얻기 위해 포기해야 하는 것을 '기회비용(대가 지불)'이라고 한다.

사람들은 수십년 오랫동안 같은 일을 하면 전문가라는 타이틀을 얻지만 유연성이 소실되는 '마음의 석화현상=고집'이라는 부작용이 발생한다. 변화에 큰 두려움을 느끼므로 삶의 틀을 바꾸는 용기를 내기가 매우 어렵다.

미래가 어둡고 중요한 일이 아닌데도 뭐가 그리 바쁜지 "~때문에 안 된다"라면서 귀중한 삶을 허비한다. 현재 나의 삶이 객관적으로 만족하다면 바꿀 필요가 없다. 그러나 불만족스럽다면 지금까지 살아온 방법을 수정할 필요가 있다. 그러므로 지혜로운 사람이라면 과감하게 기존의 틀을 깨고 더 가치 있는 일에 투자해야 한다.

* **작용 반작용의 법칙**: 뉴턴의 운동법칙 중 제3법칙. 작용과 반작용 법칙은 A물체가 B물체에 힘을 가하면(작용) B물체 역시 A물체에게 똑같은 크기의 힘을 가한다는 것이다(반작용).

인과의 법칙
'종과득과'처럼
내가 지불하는
대가만큼만
얻는다.

[작용 반작용의 법칙]
1천 원을 지불→
1천 원짜리 물건 취득
1억 원을 지불→
1억 원짜리 물건 취득
나의 삶을 지불→
10억 원의 연봉 취득

15 돈보다 꿈을 좇으라

미국 하버드 경영대학원 겸임 교수 마크 알비온(Mark Albion)이 MBA 졸업생 1,507명을 대상으로 '돈'과 '꿈'의 우선순위에 대한 생각에 따라 두 그룹으로 나누어 실험을 하였다.

A그룹 : 1,252명(83%)
"우선 돈부터 벌고 생계문제를 해결한 뒤에 내가 하고 싶은 일을 하자."

B그룹 : 255명(17%)
"우선 꿈을 좇아 하고 싶은 일을 하다 보면 돈은 자연스럽게 따라온다."

그리고 20년 후 전체 실험 대상자 중에서 총 101명의 백만장자가 탄생하였다. 꿈보다 '돈'을 좇았던 A그룹 출신은 단 1명(0.08%)이었고, 돈보다 '꿈'을 좇았던 B그룹 출신은 100명(40%)이었다. 500배의 차이가 났다. A그룹은 현실적인 노동자 마인드로 살았고, B그룹은 모험과 꿈에 도전하는 사업가의 마인드로 살았기 때문이다.
꿈이 있다면 성공의 길까지 아무리 먼 길이라도 꿈은 삶의 희망과 등대가 될 것이다. 성공자는 1%의 가능성(불안정, 불확실성)을 추구하고, 성공을 못하는 자는 99%의 가능성(안정, 확실성)을 추구한다. 1% 가능성을 추구하는 자는 행운이 있고, 99% 가능성을 추구하는 자는 행운이 없다. 꿈을 크게 가져라. 깨져도 그 조각이 크다.

성공하려면
돈보다 **꿈**을 좇으라.
500배의
차이가 난다.

16 나의 최대의 적은 나다

고통 없는 사람이 있다. 부러운가? '죽은' 사람이다. 고통은 삶의 양식이다. 또한 성공은 포기의 실패, 실패는 포기의 성공이다. 성공의 반대는 실패가 아니고 포기이다.

에디슨은 1만 번 실패, 714번의 홈런을 친 베이브루스는 1,330번의 삼진, 김연아는 1만 번의 회전 시도에서 3천 번 실패했다. KFC의 샌더스는 체인점 제안을 1,009번 거절당했다. 거절이 직업이었고 성공 비결은 포기를 안 한 것이었다.

인디언들은 기우제를 드리면 100% 비가 온다고 한다. 비가 올 때까지 기우제를 드리기 때문이다. 공자의 만절필동(萬折必東) 즉 "황하 강물이 일만 번을 꺾여 굽이쳐 흐르더라도 반드시 동쪽으로 흘러간다"는 이치처럼 끝까지 희망을 놓지 않으면 성공한다. 유명한 마시멜로 실험*에서도 "자신을 통제(극기 克己)할 수 있는 인내력과 성공이 밀접한 관계가 있다"는 것을 증명하고 있다. 세상에서 가장 극복하기 어려운 존재이자 최대의 적은 바로 자기 자신이다. 결국 실패와 성공은 자기와의 승부이다.

*스탠퍼드 마시멜로 실험(Stanford Marshmallow Experiment) : 1966년에 미국 스탠퍼드 대학교 부설 놀이방의 4살짜리 653명을 대상으로 한 월터 미셸(Walter Mischel) 교수의 인내력 실험. (검색하여 유튜브 동영상 참조)
아이들에게 마시멜로 사탕이 한 개 들어 있는 접시와 두 개 들어 있는 접시를 보여 준다. 지금 먹으면 한 개를 먹을 수 있지만 선생님이 돌아올 때까지(20분) 먹지 않고 있으면 두 개를 주겠다고 한다. 그리고는 마시멜로가 하나 들어 있는 그릇을 아이 앞에 남겨 놓고 방에서 나간다. 아이들의 반응은 선생님이 나가자마자 1/3이 먹어버렸고, 참다 참다 중간에 1/3이 먹어버렸다. 나머지 1/3은 끝까지 참고 기다렸다.
실험이 끝난 15년 후 미셸 교수는 당시 실험에 참가했던 아이들의 학업 성취도 및 적응 정도 등을 평가했다. 당시 마시멜로 두 개를 얻어먹기 위해 20분을 참고 기다릴 수 있었던 아이들은, 참지 못한 아이들에 비해 학교 성적도 우수하고 행동 문제를 일으킬 비율도 현저히 낮았다. 특히 스트레스가 심한 상황에서도 합리적인 결정을 내리는 데 탁월한 능력을 보였다.
30대 후반이 된 이들의 근황을 조사했는데, 당시 기다리는 데 어려움을 보였던 아이들은 성인이 되었을 때에 더 비만에 시달렸고, 알코올을 비롯한 약물 중독 비율도 현저히 높았다.

(마시멜로 실험)

성공과 실패는 결국 나와의 승부이다.

17 행운아 되기 : 불확실성을 즐겨라

"성공자는 1%의 긍정을 좇고, 실패자는 99%의 부정을 좇는다."는 격언처럼 운 좋은 사람들은 남들이 해보지 않은 '불확실성'을 즐기고 추구했으며 관대했다. 운이 없는 사람들은 불확실한 상황을 싫어하고 도전할 만한 것보다는 남들이 먼저 겪어서 '입증된-안전한-확실한 것을 추구'하려 했다. (영국 심리학자 리처드 와이즈먼 박사 연구)

실례로, 로버트 론스타트 박사는 미국 매사추세츠 주의 밥슨 대학에서 수년 동안 대학원생들에게 '기업가 정신'을 가르쳤다. 경영학 석사(MBA) 졸업생들은 비슷한 실력으로 대학원에 입학했고, 똑같이 교육을 받았다. 능력이나 자질 면에서 큰 차이가 없었다. 박사가 조사한 결과 MBA 졸업생들 중에서 사업 성공자는 전체의 10퍼센트에도 미치지 못했다. 성공자들은 "용기를 내어 도전하는 기업가 정신이 성공에 큰 밑바탕이 됐다"는 반응을 보였다. 그러나 사업에 성공하지 못한 나머지 90퍼센트는 '기다리는 중'이라는 표현을 썼다. 모든 상황이 완벽해질 때까지 기다렸다가 한 번에 성공을 이뤄낼 계획을 세우고 있다고 했다. 성공의 조건으로 항상 강조하는 꿈의 유전자가 바로 불확실성이다. 그러므로 성공하려면 '꿈을 가져라'.

리처드 와이즈먼 박사에 의하면 행운을 맞이하는 사람과 행운을 쫓아내는 사람의 차이는 '생각과 행동'에 있으며, 행운은 신비로운 능력이나 하늘이 내린 선물이 아니고 사람의 '마음가짐-사고방식-태도'에 따른 결과라고 한다.

운이 없는 사람이나 운이 좋은 사람이나 동전 던지기 실험처럼 막상 승률은 비슷하다. 운이 좋은 사람이라는 건 운 좋은 사람이라는 착각에서 비롯된다. 우리는 운이 좋다는 착각에 빠져 살아야 한다. "하늘이 나를 사랑한다니까"라는 말을 입에 달고 살자. 나와 남들도 내가 운이 좋다고 생각하면 진짜로 운이 좋아진다.

[운 좋은 사람]
불확실성 추구
성공하려면 **'꿈을 가져라'**

[운 없는 사람]
안전·확실 추구

성공자는
1%의 긍정을 좇고,
실패자는
99%의 부정을
좇는다.

18 성공은 실천의 다른 말이다

평생 사랑을 실천한 김수환 추기경은 생각보다 실천의 어려움을 "사랑이 머리에서 가슴으로 내려오는데 70년이 걸렸다"라고 고백하였다.

성공을 위한 첫 걸음은 아는 것이다. 그러나 아는 것은 그저 시작일 뿐이다. 성공을 위한 걸음의 완성은 행동과 실천이다. 현재에서 미래로 가는 과정을 '일'이라고 한다. 만약 현재보다 미래가 낫지 못하거나 같다면 일을 안 한 것이다.

머리로만 생각하고 실천하지 않는 사람들의 질환을 '안다병'이라고 한다. 안다병은 실패병으로 '실천'이 1%라면 '아는 것'이 99%이다. 성공하려면 반대로 '아는 것'이 1%라면 99%는 '실천'이어야 한다. 생각과 기도만 하지 말자.

실천과 도전의 또 다른 말은 '해야 하는데 하기 싫은 일하기'이다. 해야 하는데 하기 싫은 일에 직면한다면 그 일이야 말로 성공을 위해 가치가 있고 꼭 필요한 일이다. 성공자란 싫은 일을 꾹 참고 돌파해내는 사람이다.

실패가 두렵다면 벼랑 끝에서 가만히 있으면 된다. '아무것도 하지 않으면 아무 일도 일어나지 않는다.' 그러나 성공자들은 다시 뛰어내리기를 주저하지 않는다. 과감하게 변화를 선택한다. 다른 것이 있다면 그것뿐이다.

도전이란 누구에게는 실행을 의미하고, 누군가에게는 미쳤냐는 말을 듣는 일이다. 사전에서 '미치다'의 뜻은 '상식에서 벗어난 행동을 하다'이다. 상식은 남들도 다 하는 일이다. 남들에게 당연한 것을 반대로 실천하는 것이 도전이다. 상식을 깨지 않는다면 성공은 없다. 해야 하는데 망설여질 때 항상 주문을 외워라. "까르페 디엠", "지금 당장 (Just do it)".

아무것도 하지 않으면
아무 일도 일어나지 않는다.

[성공의 구성 비율]

아는 것 1%, 실천 99%
성공은 실천의 다른 말

[성공의 주문]

"까르페 디엠"
"Just do it."

19 목표 성공법 : 스몰 스텝

UCLA 의과대학 임상심리학자 로버트 마우어(Robert Maurer)의 관찰 연구서 '아주 작은 반복의 힘'에서 매우 작은 변화인 '스몰 스텝(Small step)' 전략을 제시하고 있다. 스몰 스텝은 '큰일을 해내는 유일한 방법=아주 작은 일의 반복'으로 새롭게 설정한 목표를 쉽게 달성할 수 있는 과학적이고 구체적인 방법이다.

마우어는 사람들의 굳은 결심이 대부분 작심삼일이 되는 이유, 즉 왜 새로운 계획은 매번 실패하는가를 분석하였다. 분석 결과 새해 결심의 성공 확률=8%, 결심한 사람들의 25%=7일 안에 실패, 결심한 사람들의 50%=30일 안에 실패한다.

이처럼 매번 계획에 실패하는 이유는 인간의 '게으름'이 아니고 '뇌' 때문이다. 인간의 뇌는 변화를 극도로 싫어한다. 수백만 년 동안 인간의 뇌는 변화에 대한 두려움을 계속 진화시켜 왔다. 위험에 대해 생존을 위한 인간 뇌의 '방어반응'이 여전히 남아 우리 몸과 마음을 지배한다. 갑자기 계획을 세워 새로운 행동을 하면 뇌는 생존을 위협하는 환경의 변화로 인식하여 '방어반응'을 작동시킨다. 그러므로 안 해본 새로운 사업 제안을 사람들이 거부하는 것은 당연한 일이다.

뇌의 방어반응을 피하는 방법은 '뇌를 속이는' 것이다. 뇌가 변화를 인지하지 못할 정도로 야금야금 아주 작게 시작하는 것이다. 뇌는 변화라고 생각하지 않고 오히려 변화를 즐기게 된다. 그러므로 변화는 스몰 스텝 전략이 필요하다. 그 결과는 대성공으로 스몰 빅이 된다. 그러므로 새로운 것을 제안하고 설득할 때에는 욕심과 성급함은 금물이고 조금씩 알아가게 해야 한다.

예를 들어, 잭스텝이라는 사업가는 54세에 심각한 류머티스 성 관절염에 걸리자 러닝머신에서 2분 걷기부터 시작하고 스스로에게 칭찬했다. 익숙해진 후 1분씩 늘려 갔다. 혹독한 재활훈련이나 과격한 운동이 아니었다. 현재는 70대지만 건강한 상태로 세계 보디빌딩 콘테스트 우승까지 하였다. 아주 작게 시작하자.

[새로움의 거부 이유]
생존을 위한 뇌의 방어반응
작심삼일의 원인

[목표 성공법]
뇌를 속여라
아주 작은 변화
스몰 스텝으로
욕심·성급 금물

20 편견을 버려라

편견은 오판의 원인이다. 편견을 가진 사람은 흙 묻은 보석을 겉모습만 보고 지나치게 됨으로써 행운을 차버리게 된다.
다음과 같은 이력을 가진 3명의 대통령 후보가 있다.
당신은 누구에게 투표할 것인가?

1번 후보 : 애첩이 2명. 점쟁이와 의논하기를 좋아함.
2번 후보 : 부패 공직자로 2회 해고. 대학생 때 마약을 함.
3번 후보 : 훈장 받은 전쟁영웅. 채식주의자

대다수 사람들은 위 프로필을 보고 3번 후보를 선택한다. 첫 번째는 미국의 제32대 대통령 루즈벨트, 두 번째는 영국 수상 처칠, 세 번째는 희대의 살인마 나찌 독일의 히틀러 총통이다.
편견의 위험성으로 "잘 생긴 사람은 마음도 착할 것이고, 못생긴 사람은 마음도 악할 것이다."라고 생각하는 것이다. 이 말이 참이라면 잘 생긴 사람에게는 범죄자가 나오지 말아야 한다. 그러므로 어떠한 분야에서든지 성공하려면 편견을 버리고 실체를 정확하게 객관적으로 이해한 후 허실을 판단해야 한다. "~카더라"를 멀리 하라.

[대통령 후보]

1번 후보:
점쟁이와 의논하기 좋아함.
애첩이 2명

2번 후보:
부패 공직자로 2회 해고.
대학생 때 마약을 함.

3번 후보:
훈장 받은 전쟁영웅.
채식주의자

[편견의 위험성]

1번 후보: 루즈벨트

2번 후보: 처칠

3번 후보: 히틀러

21 부자와 가난한 자의 습관

관성의 법칙이 있다. 정지한 것은 정지하려 하고 움직이는 것은 계속 움직이려는 것이다. 사람의 마음에도 관성의 법칙이 있다. '습(習)'이라고 하는 습관이다. 습관은 무의식과 세포 깊숙이 기억된다.

부자가 왜 부자가 되고 가난한 사람이 왜 가난한지 그럴 수밖에 없는 이유를 애터미 사업을 위해 사람들과 관계하면서 명확하게 알 수 있게 되었다. 먹고 사는데 전혀 아쉽지 않은 부자도 왜 애터미를 하려는지 궁금했다.

부자는 계속 부자가 되려고 하는 습관이 있고, 가난한 사람은 부자가 되고 싶은 생각은 있지만, 가난의 습관 때문에 마음과 몸이 움직이지 않는다. 부자는 경제와 성공 도구를 볼 줄 알지만, 가난한 사람은 볼 줄 모른다. 통계적으로 부자 마인드의 사람은 5~10%, 가난한 마인드의 사람이 90~95% 정도이다. 나는?

- 애터미 C샤론 마스터가 있다. 그는 자산이 70억이 넘는 집안이다. 공무원 연금도 받는다. 그럼에도 애터미를 열심히 하여 현재 1억 연봉자로 성공했고 지금도 더욱 열심히 활동하고 있다.
- 애터미 K로얄 마스터는 사업하다 여러 번 폭삭 망해서 신불자가 되었고 이혼까지 갈 뻔 했다. 성공도구 애터미를 알아보고 마지막으로 아내에게 간절히 빌면서 함께 사업하자고 하여 현재는 2억 이상의 연봉자가 되었다.
- 애터미 Y판매사가 있다. 자산이 60억쯤 된다. 부부가 명문대 출신으로 고위직에서 퇴임하고 둘 다 퇴직 연금을 받는 넉넉한 집안이다. 애터미 사업을 한 지 얼마 안 되었지만 열심히 하여 판매사가 되었다.
- 애터미 회원 H씨가 있다. 사업이 안 되고 부채가 늘어나자 결국 사업을 정리 하였다. 삶의 회복 방법이 애터미에 있다고 많은 정보를 주지만 거부한다.
- 애터미 회원 J씨가 있다. 몇 번의 나쁜 네트워크 사업으로 가정경제가 어려워졌다. 특별하지 않은 우리 같은 보통 사람 300명 이상이 연봉 1억, 3,000명 이상이 연봉 2,400~1억 미만의 성공자가 된 성공의 도구 애터미를 알려줘도 소극적이다.

사람의 마음에도
관성의 법칙이 있다.
습관이다.

부자는 부자가 되려고
하는 습관이 있고,
가난한 사람은
가난의 습관 때문에
가난을 벗어나려고 해도
마음과 몸이
움직이지 않는다.

(마음의 빗줄 습관)

22 사업가와 노동자 마인드

물이 전혀 나오지 않는 어느 마을에 청년 파블로와 브루노가 살았다. 둘은 물 한통에 얼마씩 돈을 받기로 하고 맞은 편 산 위의 호수에서 물을 길어 마을에 공급하였다.
체격이 건장한 '브루노'는 나름대로 머리를 써서 물통도 키우고 속도도 올리는 등 열심히 일하여 수입을 늘렸다. 꿈꾸던 큰 집과 젖소도 구입할 수 있어서 행복했고 생활에 만족하였다.
체격이 허약한 '파블로'는 "물통을 나르는 방법은 나중에 나이 들면 힘들어 못 할 것이다"라고 생각했다. 그러면서 시간과 노력이 많이 들겠지만 완성만 되면 노후보장이 될 수 있는 호수부터 마을까지 파이프라인 설치(자본축적) 계획을 세웠다. 브루노에게 계획을 설명하고 함께하자고 제안을 했지만, 현재에 만족한 브루노는 거절하였다. 몇 년 후 고생 끝에 파블로는 파이프라인을 완성하고 마을에 물을 아주 싸게 공급하였다. 파블로는 이제 더 이상 힘들게 물통을 들어 나를 필요가 없게 되었다.
세월이 흐르고 브루노는 쇠약해져서 나르는 물의 양과 횟수를 줄일 수밖에 없었다. 수입이 줄어들었고 파블로와 가격 경쟁도 되지 않아서 점점 가난하게 되었다.
한편 브루노가 힘들게 일할 때에 파블로는 여행하거나 심지어 잘 때도 돈이 들어왔다. 수입은 물통을 나르는 일에 비하여 비교할 수 없을 정도로 늘어났다. 한번만이 아니고 지속적으로 돈이 들어와서 엄청난 부자가 되었다.

나의 삶인 시간을 돈으로 바꾸는 것은 노동이다. 사업은 내가 없어도 돌아가는 경제 시스템이다. 사람은 일반적으로 2가지 부류로 나눈다. 99%는 물통형으로 확실성이 아닌 모험을 싫어하고 일하면 바로 돈을 손에 쥐야 하는 노동자 스타일, 1%는 파이프라인형으로 가능성의 꿈과 모험을 실현하는 사업가 스타일이다. 생각과 태도의 차이가 삶을 노동자와 사업가로 가른다. 사업가의 성공률은 노동자의 500배이다.

노동자
(시간+노동)
브루노
물통 스타일
(빈약한 자본)

사업가
(시스템 구축)
파블로
파이프라인 스타일
(거대 자본)

(관련 동영상)

제❷장 | 경제가 도대체 뭐지

사람들은 부익부 빈익빈에 대하여
세상을 탓하며 많은 불평을 늘어놓는다.
부자들은 누가 만들었나?
그들의 제품을 사준 바로 우리 소비자들이다.
그러므로 경제의 틀을 바꾸는 열쇠는
우리 소비자가 쥐고 있는 것이다.
근본적인 방책을 살펴보자.

01 폐하, 경제학은 이제 망했습니다

글로벌 금융 위기에 영국 여왕이 경제학 분야에서 영국 최고 명문대학인 런던정경대를 방문했을 때 한 경제학자에게 물었다. "훌륭한 경제학자들이 많은데 왜 아무도 2008년 경제 위기를 예측하지 못했나요?"라고. 질문을 받은 경제학자가 말하기를 "폐하, 경제학은 이제 망했습니다."

2012년 다보스포럼(Davos Forum: World Economic Forum)에서 세계 석학들이 제시한 해답은 '다보스포럼, 자본주의를 버리다'이었다. 클라우스 슈바프 다보스포럼 회장도 "우리는 죄를 지었다. 이제는 자본주의 시스템을 개선할 때가 되었다."고 고백했다.

2016 다보스 포럼을 앞두고 발표한 '99%를 위한 경제'라는 보고서에 의하면 세계 인구 절반의 부와 같은 최상위 부자들의 수는 388명(2010), 177명(2011), 159명(2012), 92명(2013), 80명(2014), 62명(2015), 8명(2016)으로 6년만에 1/50 정도로 급격하게 줄어들었다. 인류와 경제의 대재앙이다.

자본주의 수명이 다 되었다고 보는 지금 아직도 그 안에서 해결책을 찾기 위해 갈팡질팡하고 있는 경제 전문가들이 애처롭다. 노벨상을 수상한 경제 석학들도 해결하지 못한 자본주의 문제점, 과연 해결책이 있을까?

폐하, 경제학은
이제 망했습니다!

우리는 죄를 지었다.
자본주의를 버린다.

02 문제의 자유 경제, 실패한 공산 경제

공정하지 못한 인권과 경제에 대한 반발로 18세기 말에 발생한 프랑스 혁명의 3대 정신인 자유·평등·박애(우애)가 전 세계로 확산되어 사람이 먹고 사는 문제의 근간인 경제에 결정적인 영향을 주었다. '자유'는 내 돈 가지고 내 맘대로 한다는 자유주의 경제로, '평등'은 골고루 함께 먹고 살자는 공산주의 경제로 발전하였다.

자유주의 경제는 시장의 논리에 의하여 움직이는 시장경제라고도 하며 사유재산권, 사적인 경제 활동의 자유, 사적인 이익 추구 보장이 된다. 개인의 능력치를 극대화할 수 있어서 일부분의 개인과 전체 사회의 파이를 키울 수 있었다. 자유주의의 중심은 '개인(내 탓)'이다. 그러나 개인 간에는 부익부 빈익빈이라는 부작용을 만들어 내었다. 쏠리는 부의 분배를 위한 강제 장치로 세금제도를 운용하지만 부자가 내놓는 몫보다 가지는 몫이 훨씬 커서 사회적으로 부의 불균형이 생길 수밖에 없는 구조이다. 자발적인 부의 분배는 기부지만 이 또한 미미한 역할에 그치고 있다.

공산주의는 사회경제라고도 하며 자유주의 경제와 반대로서 모든 생산 수단과 이익을 사회가 공유하자는 경제 형태이다. 취지는 좋지만 개인이 일을 잘 하나 못하나 같은 대우를 받으니까 파이를 키우고자 하는 개인 능력 발휘의 동기유발이 안 된다. 공산주의의 중심은 '사회(네 탓)'이다. 그러므로 사회 전체적인 파이가 작아져서 개인과 사회가 함께 가난해지는 부작용이 발생하였다.

공산주의는 망했고, 생존하고 있는 자유시장 경제는 독점적 자본경제의 부익부·빈익빈이 과거 20:80에서 현재 1:99로 심화되고 있다. 자본경제의 부작용을 해소하기 위하여 전 세계의 내로라하는 노벨상 수상자 등 경제전문가들이 처방전을 내놓고 있지만 백약이 무효인 현 상태이다. 그러므로 이러한 문제점을 해소하려면 자유+평등에 인류에 대한 사랑(우애, 측은지심)이 더해져야 그나마 균형잡힌 경제가 될 것이다.

[자유 경제]
중심 : 개인(내 탓)
개인 : 동기유발 됨
파이 : 커짐
부작용 : 부의 편중

[공산 경제]
중심 : 사회(네 탓)
개인 : 동기유발 안 됨
파이 : 작아짐
부작용 : 함께 가난

[균형 경제]
자유
+
평등
+
사랑

03   인간 일자리의 비극 4차 산업혁명

산업혁명은 1차 증기기관, 2차 전기, 3차 컴퓨터(디지털)로 발전해 왔고, 이제 4차 산업혁명시대가 이미 눈앞에 와 있고 빠르게 전개되고 있다.

4차 산업혁명시대의 핵심은 로봇과 알고리즘이다. 알고리즘(Algorithm)은 문제를 해결하기 위해 정해진 일련의 절차로서 프로그램 작성의 기초가 된다. 인공지능 등을 만들어 내는 유전자라고 보면 된다.

4차 산업의 특징은 알고리즘을 바탕으로 하는 컴퓨터 프로그램을 정신으로, 로봇과 같은 기계장치가 육신으로 일하게 된다. 4차 산업시대의 최대 비극은 일 해서 먹고 살아야 하는 사람들의 노동력이 많이 필요 없다는 것이다. 그러나 일하지 않아도 먹고 살 준비가 되어 있는 부자들은 더욱 편해지고 좋아질 것이다.

4차 산업시대를 맞아 가까운 미래에 사라질 가능성이 큰 대표적인 직업 10가지는 제조업 근로자, 펀드매니저, 의사, 운전직, 변호사, 물류직, 비행기 파일럿, 번역가, 신문기자, 영업직 등이다. 이 외에도 수많은 직종이 소멸할 것이다. 안타깝게도 많은 사람들이 자기도 모르는 사이에 이제까지 겪어보지 못한 세상에 내던져지면서 자동적으로 자기 생업에서 밀려날 것이다.

산업이 발전하고 기업이 투자를 하면 일자리가 늘어나야 하는데 회사의 생존경쟁과 비용절감 때문에 오히려 로봇과 알고리즘을 채용함으로써 사람들의 일자리가 빠르게 대량으로 줄어드는 역설이 벌어지고 있다.

전문가들의 전망은 새로운 시대에 맞게 새로운 일자리가 창출될 것이라고 하지만, 4차 산업 관련자 얼마 이외에는 일자리 얻기가 어려울 것이다. 결국 대부분 사람들이 직면하는 비극은 생존하는 동안 일자리가 없더라도 먹고 사는 생활을 해야 한다는 것이다. 이 난제를 어떻게 해결해야 할까?

[과거의 산업혁명]

1차 : 증기기관
2차 : 전기
3차 : 컴퓨터

[4차 산업혁명]

로봇
(육신 대용)
알고리즘
(정신 대용)

04 가난과 행복

"가난이 문을 열고 들어오면 행복은 창문을 열고 도망 간다"라는 속담처럼 행복과 경제는 밀접한 관계를 가지고 있다. 돈이 인생의 전부는 아니라지만 돈과 행복은 얄궂게도 참 가깝다.

빌게이츠가 한 다음 말을 기억하자. "가난하게 태어난 것은 당신의 잘못이 아니다. 그러나 가난하게 죽는 것은 당신의 잘못이다. (If you born poor, it's not your mistake. But if you die poor, it's your mistake.)"

가난했지만 꿈을 가지고 도전해서 미국의 최고 명문대 프린스턴대에 합격한 김현근 씨는 저서에서 "가난하다고 꿈조차 가난할 수 없다"라고 말한다.

가난한 사람들에 대하여 마윈(알리바바 회장)이 말하기를, 세상에서 가장 같이 일하기 힘든 사람들은 '마음'이 가난한 사람들이다. 자유를 주면 함정이라 얘기한다. 작은 비즈니스라 하면 돈을 별로 못 번다고 하고, 큰 비즈니스라고 하면 돈이 없다고 한다.

새로운 것을 시도하자고 하면 경험이 없다 하고, 전통적인 비즈니스라고 하면 어렵다고 한다. 새로운 비즈니스 모델이라고 하면 다단계라고 하고, 상점을 같이 운영 하자고 하면 자유가 없다고 한다. 새로운 사업을 시작하자고 하면 전문가가 없다고 한다. 그들에게는 공통점이 있다. 구글이나 포털에 물어보기를 좋아하고, 희망이 없는 친구들에게 의견 듣기를 좋아한다. 그들은 대학교수보다 더 많은 생각을 하지만 맹인보다 더 적은 일을 한다. 그들에게 물어보라. 무엇을 할 수 있는지.

내 결론은 이렇다. 당신의 심장이 뛰는 것보다 더 빨리 행동하고, 그것에 대해서 생각해 보는 대신 무언가를 그냥 하라. 가난한 사람들은 공통적으로 하나의 행동 때문에 실패한다. "그들의 인생은 기다리다가 끝이 난다." 그렇다면 현재 자신에게 물어보라. 당신은 마음이 가난한 사람인가?

가난이
문을 열고
들어오면

행복은
창문을 열고
도망간다.

05 경제 대책 없는 장수는 재앙이다

현재와 같은 인구 추세라면 대한민국의 젊은이가 부양해야 할 65세 이상의 노인 비율이 2005년에는 8명이었는데, 2020년에는 4명, 2050년에는 1명이 될 것으로 예상되고 있다. 출산율도 적지만 노인층이 급격하게 늘어남으로써 심각한 사회 문제가 되고 있다. 또한 2014년 통계에 노인 6명 중 한명이 가족과 연락이 두절되어 고립되고 있다고 한다. 이제 효도는 옛말이 되고 있다.

65세 이상의 노인 비율을 볼 때에 대한민국은 현재 고령화 사회(7~14%미만)이다. 그러나 2018년에는 고령사회(14~20%미만), 2026년에는 초 고령 사회(20% 이상)로 예상하고 있다.

점점 인구분포 구조가 피라미드→항아리→역피라미드 구조로 바뀌고 있다. 국민 연금은 생산 층인 연금 납입자가 노령 층인 수급자보다 더 많은 피라미드 구조일 때는 안전하다. 그러나 고령화 사회가 되면 젊은 층이 상대적으로 적어 항아리 또는 다이아몬드 구조가 된다. 이는 연금 납부자보다 수급자가 더 많아지는 파산의 구조이다. 결국 연금을 지급 정지하거나 국민의 세금으로 메꿀 수밖에 없게 된다. 그러므로 수급자보다 납부자가 더 많은 경제 대책을 찾아야 한다.

노령사회 근본 치유책은 젊은이를 늘리는 것이다. 이 문제는 결혼·출산과 밀접한 관계가 있다. 현재 저출산과 관련한 여러 가지 대책을 내놓고 있지만, 개인 경제가 해결되지 않으면 결혼·출산 문제는 공염불이 될 것이다.

슬픈 역사지만 과거에는 가난해도 수명이 짧아서 지금처럼 노후 문제가 없었다. 그러나 100세 시대인 현재는 과거에 없었던 삶이 거의 두 배로 늘었다. 경제 대책이 없는 장수는 재앙이 된다. 이제 우리 삶의 노후 대비는 필수이다.

[젊은이의 65세 이상 노인 부양 비율]

2050년
1/1
노인/젊은이
역피라미드 구조

2020년
1/4
항아리 구조

2005년
1/8
피라미드 구조

06 가난 구제는 나라님도 못한다

'가난 구제는 나라님도 못 한다'라는 말이 있다. 현재 대한민국의 경제 상황은 매우 좋지 못하다. 국가도 국민경제를 살리기 위하여 노력하고 있지만 눈덩이처럼 빚만 늘어나는 양상이다.

건전하게 국가가 운영이 되려면 기업과 국민의 경제가 좋아 세금을 잘 내야 하는데 몇몇 대기업을 제외하고 현재 대부분의 기업들과 가정 경제가 빈사 상태에 있어서 세금은커녕 기업과 국민이 모두 국가에 손을 벌리는 형국이다. 결국 국가도 방법이 없어서 국채라는 빚을 내어 겨우 지탱하고 있다.

나의 가정 경제가 어려울 때에 도움을 받아야 하는데 현재로서는 국가, 국민, 지자체, 친인척 모두 함께 어려운 비상사태에 직면해 있다. 경제의 어려움과 함께 생산 인구가 급격히 줄어드는 '인구 절벽'까지 직면하고 있다.

또한 4차 산업시대가 점점 일반화되면서 인간의 일자리가 위협받고 있다. 옥스포드 대학은 10년 후 현존하는 직업의 47%가 없어진다고 예상하고 있다. 과거에 잘나가던 '사'자 직업들이 특히 위험하다고 한다. 이렇게 삶을 위협받고 있는 상황에서 국가에만 의지할 것인가? 어떻게 해결할 것인가?

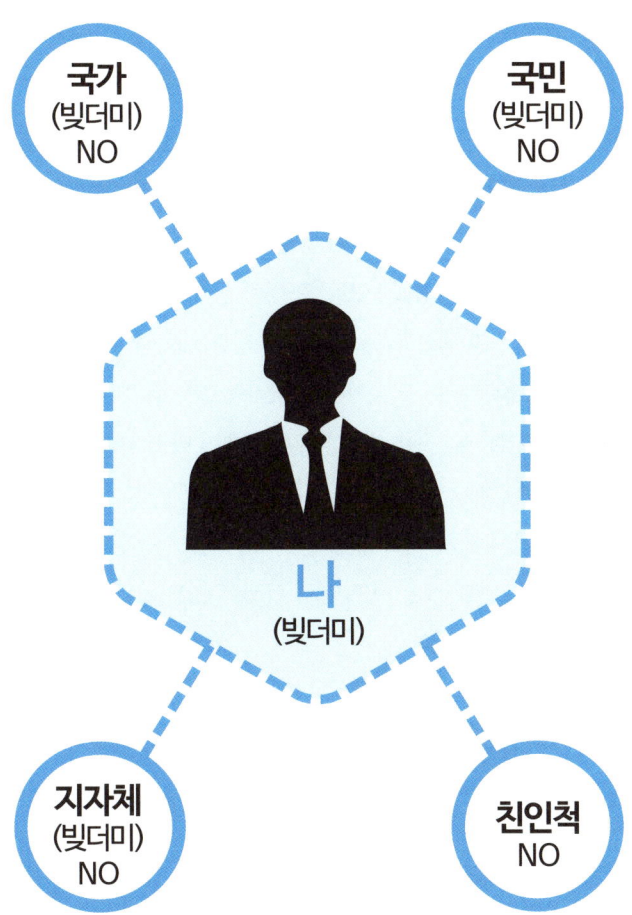

07 자영업의 실태

취업도 힘든데 2014년도 중앙일보 조사에 의하면 300대 기업에서 하루 평균 102명씩 퇴직한다고 한다. 그러한 퇴직자들이 살기 위하여 가장 많이 뛰어 드는 분야가 자영업이다. 2013년 국세청이 자료에 따르면 대한민국 총 2,046만 세대수를 기준으로 볼 때 지난 10년 동안 우리나라 2.2가구 중 1가구 즉 45%가 자영업을 창업했다. 그러나 안타깝게도 생존율은 평균 15% 정도밖에 안 된다. 그중에서 5%만 성공하고 10%는 유지 정도이다. 나머지 85%는 망해서 극빈층으로 전락하는 경우가 많다.*

요즈음 무엇을 해도 잘 안 되는 시대이다. 그림처럼 대부분의 분야가 과잉상태인 레드 오션(Red Ocean 극심한 경쟁 분야)이어서 가게를 내면 바로 실패의 출발점이 될 수도 있다. 소규모의 자영업도 위기이지만 지금은 대마불사(큰 말은 죽지 않는다는 바둑 용어)도 옛말이 되었다. 대기업인 노키아, 코닥, 폴라로이드 등도 망하는 세상이므로 현재 생존하고 있는 대기업들도 위기를 느끼고 있다. 삼성의 2015년도 화두가 '생존'이었다. 1등만 살아남는 서러운 세상이다.

요즈음은 자영업을 안 하면 경제적으로 천천히 어려워진다. 그러나 자영업을 하다가 망하면 순식간에 어려워지게 된다. 그러므로 자영업을 하기 전에 철저하게 시장조사(동종 업종 성공 사례 10군데, 실패 사례 10군데 정도)를 하는 등 극도로 신중해야 한다.

*__부지런한 한국인__ : 한국 사람들은 천성이 부지런한 사람들이다. 유태인을 포함하여 외국 사람들이 당해내지 못한다. 예를 들어, 미국은 원래 마트가 오전 8시부터 오후 10시까지 출퇴근 개념으로 운영한다. 여기에 유태인이 오전 7시부터 오후 11시까지 세븐일레븐(일본회사가 인수) 편의점을 열었다. 여기에 잠도 안자고 일하는 한국인이 24시 편의점을 열었다. 그러더니 국내에서 없는 시간도 만들어 그보다 한 시간 더 연다는 GS25가 등장했다. 국내의 경우 2012년 BC카드 통계에 의하면 편의점이 1km 안에 4개가 있어야 하는데 무려 11개가 경쟁한다. 이렇게 너무 부지런한 한국인끼리 머리 터지게 경쟁하여 결국 함께 망한다.

[서울 1km당 점포수]
2012년 BC카드 통계

● 초과수
● 적정수

커피점 2/6
피자집 1/3
치킨집 1/3
제빵집 2/7
편의점 4/11
화장품 1/3

경제가 도대체 뭐지 73

08 비가역 경제* : 독점적 자본경제

분업화되어 있던 과거 동네 가게는 사업자이자 소비자가 되어 서로 팔고 사고하여 돈의 흐름이 골고루 분산되어 경제가 선순환하였다. 돈을 버는 쪽도 돈을 쓸 일이 생기므로 서로 자연스럽게 주고 받는 '가역경제'가 이루어졌다.

그러나 대형마트 시대에 심화한 독점적 자본경제, 즉 자본주의(Capitalism)는 소비와 이익이 별개이다. 즉 대형 마트에서 소비하면 소비자 이익은 0.1% 정도, 사업자가 99.9% 정도로 독점한다. 사업자는 일방적으로 수천억 원~수조 원의 이익을 낸다. 소비자는 사업자에게 돈을 쓰지만 사업자는 소비자에게 돈을 쓰지 않는다. 쓸 일이 없다. 이것을 '비가역 경제'라고 한다. 독점적 자본경제의 가장 큰 문제점이다.

부자와 빈자가 1:99로 심화된 독점적 자본경제에서 부의 쏠림 문제를 해결하고 자본을 분산시키기 위한 강제적인 해결책은 '세금'이고, 자발적인 해결책은 '기부'이다. 그럼에도 그러한 대책만으로는 자본의 분산보다 쏠림현상만 누적되고 있다.

이러한 자본경제의 독점 문제 때문에 세계적인 경제 석학들도 해결책에 골머리를 앓고 있다. 비가역 독점적 자본경제 체제에서 일부 경제학자가 주장하고 경제 정책으로도 채택되는 낙수효과*가 얼마나 허구인지 알 수 있다.

소비자와 이익을 나누지 않는 독점 경제 방식은 점차 종말을 고할 것이다. 앞으로 국가는 독점적 자본 경제의 문제점을 해소하기 위하여 '가역적인지 비가역적인지' 살펴서 가역 경제는 적극적인 육성과 지원을 하고, 비가역 경제는 견제해야 한다.*

***비가역 경제** : 필자가 정의한 Take & Take 방식의 경제

***낙수효과**(落水效果 Trickle Down Effect) : 부유층의 투자·소비 증가가 저소득층의 소득 증대로까지 영향을 미쳐 전체 국가적인 경기부양효과로 나타난다고 주장하는 현상

*예를 들어, 판단 방법으로 벤처기업을 대기업이 인수합병(M&A)하면 돈이 돌아서 가역 경제이고, 같은 기술을 대기업이 자체적으로 연구개발(R&D)하면 벤처기업이 어려워지고 돈이 안 돌아서 비가역 경제이다.

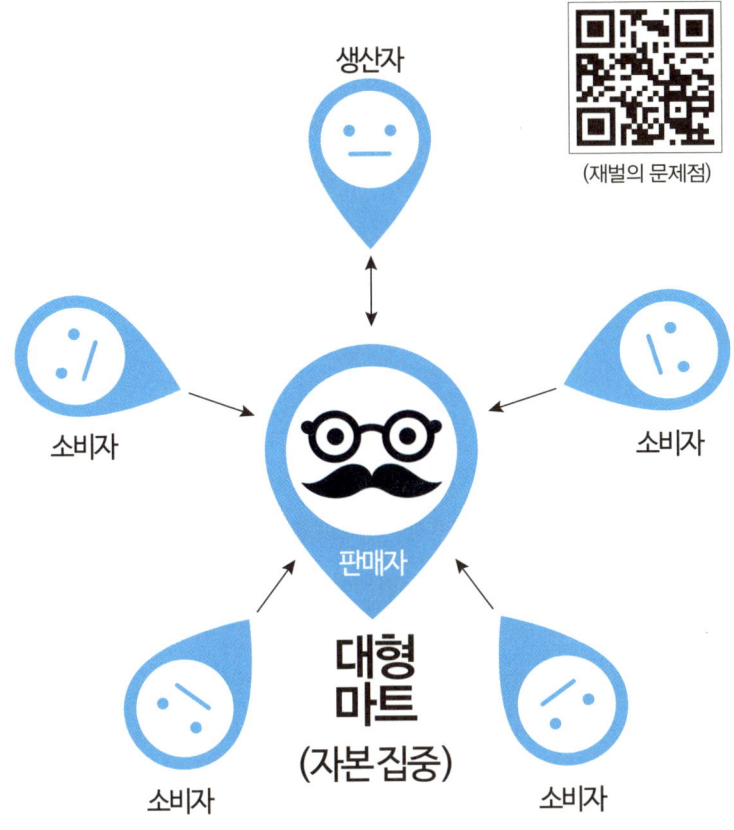

악순환 (경제병)
비가역적·독점적 자본경제
자본주의 (Capitalism)

09 가역 경제* : 독점적 경제 해결법

재벌은 '소비자'가 만들어 준 것이다. 우리 소비자들은 그들을 욕할 자격이 없다. 그러므로 독점적 자본경제의 고질적인 불균형을 깨고 바로 잡을 수 있는 열쇠는 경제학자나 자본가가 아니고 '우리 소비자'가 쥐고 있는 것이다.

기존의 소비 습관을 바꾸어 그림처럼 생산자+판매자+소비자(언슈머*)가 경제적으로 서로 협력하고 이익을 공유하면 함께 상생할 수 있는 '협력적 공유경제'이자 '가역 경제'가 된다. 미래의 방식이며 품앗이와 두레 정신이 들어 있다. 이를 '대중자본주의(Masstalism)'라고 할 수 있다.

자본주의가 '잘 사는 소수의 사람을 더 잘 살게' 한다면, '대중자본주의'는 일종의 '공리주의'로 못 사는 다수의 사람을 잘 살게로 착한 목표를 가지고 있다. 이것이야말로 보다 민주적이고 바람직한 경제 철학이라고 본다.

소비자의 소비 습관을 바꾸는 일은 쉽지 않다. 사람들은 이익이 없는데도 비가역적이고 독점적 자본경제 쪽 마트에서 습관적으로 소비한다. 그러나 똑똑한 소비자인 스마트슈머*는 고품질·저가격 대중명품의 언슈머 마트에서 소비하고 소비 이익의 일부분을 리펀드로 받는다. 더하여 다른 소비자들과 리펀드(포인트) 공유로 도움을 줄 수 있어서 협력적 공유경제를 실현할 수 있다. 이를 언슈머 경제=십시일반 경제=집단지성 경제=1/N 경제라고 할 수 있다.

* **가역 경제** : 필자가 정의한 Give & Take 방식의 경제
* **언슈머**(Earnsumer) : 언(Earn)과 컨슈머(Consumer)의 합성어이다. 소비자가 소비만으로 사업 자격을 얻고, 돈 쓰는 일반 소비자와 달리 사업에 기여한 만큼 혜택을 돌려받는 돈 버는 소비자이다.
* **스마트슈머**(Smartsumer) : Smart+Consumer 합성어로 똑똑한 소비자를 말한다.

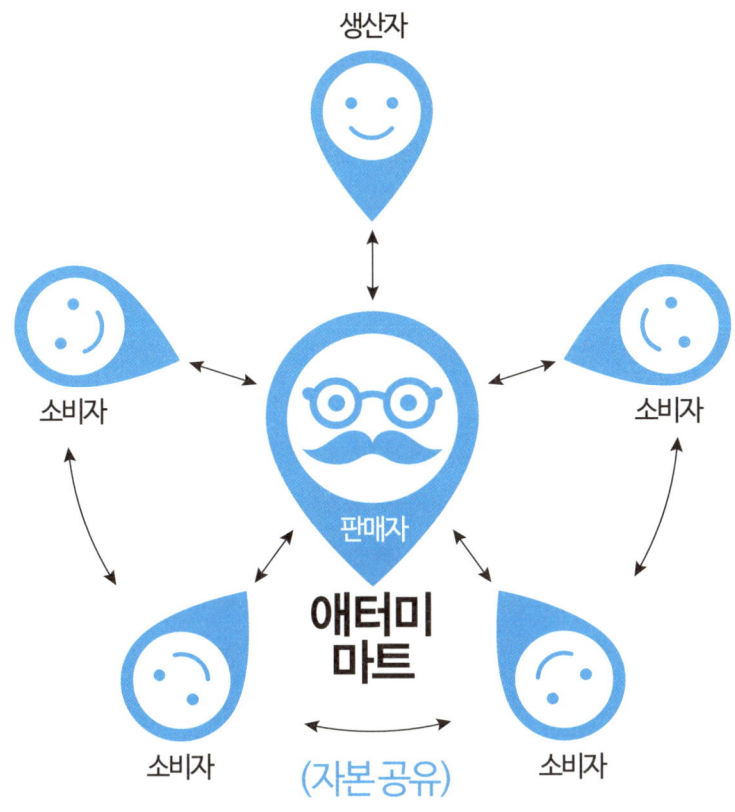

선순환 (경제약)
가역적·협력적 공유 경제=
언슈머 경제=
집단지성 경제=십시일반 경제=1/N 경제
대중자본주의(Masstalism)

10 소비 경제의 끝판 : 언슈머

스티브 잡스는 "인류는 지금 기술과 인문학이 융·복합되는 곳에 존재하고, 서로 다른 것을 결합하면 시너지 효과가 나온다. 창조는 연결하는 능력이다."라고 하였다.

윤은기* 한국협업진흥협회장은 "연결과 협업은 국가-기업-개인의 운명을 바꿀 제4의 신문명이다"라고 정의하였다. 그리고 지금은 연결과 협업 경제시대라고 하였다.

미래 생존의 답은 '연결'과 '협업'이다. 제품을 직접 파는 것이 아니고 단지 연결 비즈니스로 성공한 세계적인 기업들은 비자카드, 마스터카드, 페이스북, 트위터, 아마존, 구글, 알리바바… 등이 있다. 이를 4차 산업에서 플랫폼 사업*이라고 한다.

그 중에서 마윈은 16년 만에 알리바바를 160조의 기업으로 일구었다. 2016년 현재 삼성은 350조이다. 국내에도 카카오톡, 라인, G마켓, 쿠팡 등이 연결 비즈니스로 사업 중이다. 그러나 연결은 있지만 협업, 소비자와 이익 공유가 없다.

대표적인 연결과 협업의 비즈니스는 네트워크 마케팅이다. 그러나 진정한 네트워크 마케팅은 생산-유통-소비를 연결하면서, 소비자 비용 절감과 이익 공유의 '돈 버는 소비 언슈머(Earnsumer)' 방식이어야 한다. 바로 그러한 회사가 애터미이다.

소비자의 변천은 단순 돈 쓰는 소비자인 컨슈머(Consumer)-생산 참여 소비자인 프로슈머*-똑똑한 소비자인 스마트슈머-협업과 이익을 공유하는 '돈 버는 소비' 언슈머로 발전해왔다. 언슈머는 소비 경제의 끝판이며 미래 경제의 희망이다.

* **현재와 미래의 트랜드**
  – 아침부터 저녁까지 열심히 일하면 망한다.   – 한 우물만 파면 망한다.
  – 한 가지 기술만 있으면 피곤하게 먹고 산다. – 싸 돌아 다니지 않고 일하거나 공부하면 망한다.

* **플랫폼**(Platform) 사업 : 사람과 운송 수단이 만나는 접점. 팔고 사는 양면시장 대상 신 가치 창출의 신 사업모델.

* **프로슈머** : 앨빈 토플러가 저서 '제3의 물결'에서 주장한 '생산하는 소비자'인 프로슈머(Prosumer)는 소비자가 제품 개발 요구와 제안 아이디어를 수용해 신제품을 개발 판매하는 Producer+Consumer를 말한다.

[소비 경제의 끝판]

언슈머
(EARNSUMER)
돈 버는 소비

[소비자의 변천]

컨슈머 Consumer
프로슈머 Prosumer
스마트슈머 Smartsumer
언슈머 Earnsumer

11 미래의 유통 : 네트워크 온라인 쇼핑

시장 즉 유통시스템의 변천을 보면 원시시대에는 '물물교환'→이후 좀 더 발전된 '장마당'(1세대)→'재래시장'(2세대)→'수퍼마켓'(3세대)→'백화점'(4세대)→'대형 할인마트'(5세대)→'TV홈쇼핑'(6세대)→'인터넷 쇼핑'(7세대)→'네트워크 온라인 쇼핑=회원제 직접 판매'(8세대)로 나눌 수 있다.

현재 활용되고 있는 1~7세대 방식은 비가역으로 이익이 소비자에게 돌아가지 않고 사업자가 독식하는 구조이다. 즉 마케팅 구조는 '이익=사업자〉소비자' 형식이다. 특히 이러한 구조의 4~7세대 방식은 사업자에게 부의 쏠림 현상이 심하다. 게다가 4차 산업시대를 맞이하면서 사업자가 투자하면 고용이 창출되어야 하는데, 기대와는 달리 로봇 자동화*로 인하여 실업률과 빈부 격차가 점점 심화·고착화되고 있다.

반면 유통의 마지막 단계 8세대 방식의 네트워크 온라인 쇼핑은 가역적·언슈머 경제로서 생산자–판매자–소비자가 이익을 공유한다. 이 방식은 중간 유통마진을 없앤 싸고 좋은 제품의 직접 판매로 '이익=사업자〈소비자'의 전략으로 완성된다.

현대의 마케팅 전략은 고객 만족→고객 감동→고객 이익→고객 성공으로 진화되고 있다. 8세대 방식은 사업자의 지속적인 생존과 발전을 위해 '고객 성공'을 목표로 한다. 소비자 주도의 8세대 경제방식은 장차 독점적 자본경제라는 거대 빙하의 일부를 파괴할 수 있는 뇌관이 될 수도 있다.

8세대 방식의 성공 열쇠는 애터미 같은 이익 공유 시스템 플랫폼과 대규모 언슈머에 의한 협력적 구매 파워가 만났을 때 가능하다.

* **로보틱스 디바이드** : 노동자 고용보다 로봇을 활용하는 현상

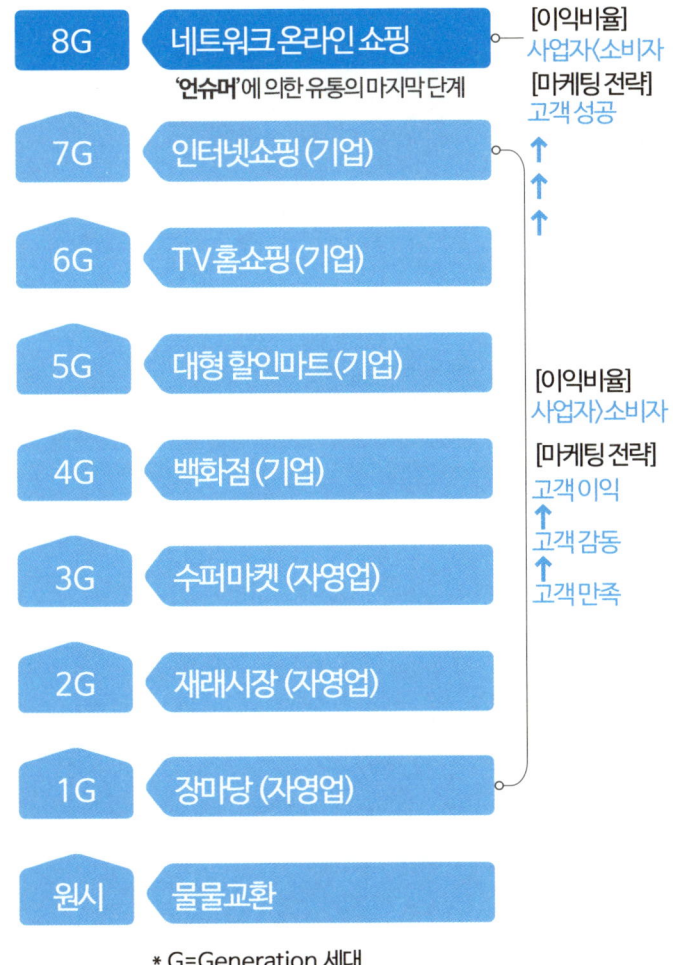

제3장 | 애터미는 어떤 회사인가

새로운 경제방식인 애터노믹스를 구현하는
최첨단 글로벌 온라인 유통회사 애터미는
어떠한 경영철학과 마케팅 전략으로
신 실크로드를 개척하고 있는지 알아본다.

01 애터미 회사 소개

애터미㈜는 2006년 8월부터 방문판매 방식으로 시작하여 2009년 6월에 네트워크 회사로 정식 출범하였다. 애터미는 한국원자력연구원과 한국콜마가 합작 투자하여 설립한 연구소기업 1호인 콜마BNH(Beauty&Health/구 선바이오텍)와 협력업체가 생산한 제품을 판매하는 '글로벌 인터넷 쇼핑몰'이자 '플랫폼'이다. 또한 애터미 제품 이외의 모든 제품을 유통하는 자매몰인 '아자몰(AZA)'로 유통시장의 지평을 한없이 넓혀가고 있다.

애터미는 대규모 고용창출과 소비자에게 혜택을 주기 위하여 '회원제 직접판매 방식'을, 회원들에게 질서있게 정확하고 공정한 수익 분배를 위하여 '단계 방식(무한 단계)'을 도입한 회사이다. "좋은 제품을 싸게 팔면 잘 된다"라는 매우 단순한 세상의 유통 원리를 실천한다. 누구도 따라올 수 없는 '절대품질'의 제품을 '절대가격'에 공급하는 것이 애터미의 대중명품 전략으로 전 세계 어디서든지 좋은 반응을 얻고 있다. 대중명품은 소비자를 행복하게 하고, 무자본 서민에게 사업의 기회를 제공한다.

애터미는 진정한 글로벌 기업으로 거듭나기 위해 설립 당시부터 경쟁 상대가 같은 네트워크 마케팅 업체가 아니고 일반 유통(대형할인마트, 백화점, TV홈쇼핑, 인터넷쇼핑몰)을 목표로 했다. 애터미는 독창적인 시스템으로 유통과 네트워크 마케팅의 새로운 역사를 써 나가고 있다. 또한 원칙중심의 문화, 동반성장의 문화, 나눔의 문화를 실현해 나가고 있다. 애터미 기업신용등급은 2014년 기준 트리플A이다.*

2020년 : 앱솔루트 셀랙티브 스킨케어 6종 IR52 장영실상 수상
2019년 : 제56회 무역의 날 '1억불 수출탑' 수상
2019년 : 소비자중심경영(Consumer Centered Management, CCM) 인증
2014년 : 공정거래의 날 '대중소기업간 상생협력에 기여'한 공로로 공정거래위원회에서 정부 포상
2012년 : 애터미 에센스 IR52 장영실상 수상

*트리플A : 우수한 신용상태를 보유하고 있어 환경변화에 무관하게 상거래를 보장할 수 있는 초우량 기업.
출처 : 박한길, 네트워크마케팅 회사의 리스크관리에 대한 연구 : 애터미 사례를 중심으로, 우송대 석사 논문, 2016, p52

[회사소개]

[유통]
애터미(주)

[연구]
원자력연구원, 콜마

[제조]
콜마BNH

[자매몰]
아자몰
AZA Mall
애터미 제품 이외의
이 세상 모든 제품 유통
온라인쇼핑몰

[애터미 유통 원리]
좋은 제품(절대품질)
싸게 판매(절대가격)

[애터미 제품 전략]
대중명품(매스티지)

[애터미 경쟁 상대]
대형 할인 마트
백화점
TV 홈쇼핑
인터넷 쇼핑몰

02 애터미를 이끄는 인물

박한길 애터미㈜ 회장 : 17년간 자동차 부품 관련 엔지니어링 플라스틱 제조판매회사의 평사원에서 경영진까지 승진, 국내 자동차 및 전 세계 업계를 다니면서 세계 경제 흐름을 읽던 중 호주 친구의 소개로 소비자 마케팅을 접하게 되었다.
우송대학교 경영학과 박사, 현 한국직접판매협회회장, 사단법인 한국식품영양과학회 부회장 역임, 현 한국특수판매공제조합 이사, 유통혁신 대상 수상(한국유통법학회), 1억불 수출의 탑(무역협회) 수상 하였다.
2006년부터 애터미를 경영하면서 소비자를 위해 같은 가격에 화장품과 치약 등의 제품용량을 증량해주고, 헤모힘의 경우 30→42→48→54→60포로 증량해주어 50% 가격 인하까지 실천하는 경영자이다. 영혼을 소중히 여기고 매스티지(대중명품)와 매스탈리즘(대중자본)이라는 독창적인 경제를 구현하면서 모든 협력업체와 애터미 회원의 성공을 위해 힘쓰는 상생의 경영자이다.

이성연 박사 : 현재는 은퇴했지만 애터미의 올바른 문화, 회원들의 인성개발과 사업 성공에 필요한 쉬운 인문학 강의로 애터미를 뒷받침한 애터미의 '스승'이다.
1972년 육군사관학교 졸업
1976년 서울대학교 경제과 졸업
1982년 미국 브라운대학교 대학원 경제학 석사
1989년 경북대학교 경제학 박사
1976~2010년 육군사관학교 및 삼군사관학교 교수 역임
1986년 보국훈장 삼일장 수상
2013년~현재 애터미 경제 연구소장

03 애터미 사훈*

SPIRIT | 영혼을 소중히 여기며 (珍愛靈魂 Cherish the spirit)
영혼을 가진 사람은 우주에서 가장 소중한 존재이며 어떠한 경우에도 수단이 아니고 목적이어야 한다.

VISION | 생각을 경영한다 (經營夢想 Create the vision)
세상에 보이는 모든 것은 보이지 않은 데서 나온 창조적 사고의 결과물이다. 미래를 예측하는 가장 정확한 방법은 우리의 의도가 개입된 미래를 계획하는 것이다. 우리는 VISION을 창출하여 생생하게 그리고 세세히 다듬는다.
VISION은 어떠한 역경도 기꺼이 감내하는 에너지가 된다. 목적하는 항구를 정하지 않고 출항한 배는 난파선이 되고 만다.

FAITH | 믿음에 굳게 서며 (堅定信念 Follow the faith)
보이는 것은 믿음의 대상이 아니다. 보이지 않는 VISION에 대한 믿음은 행동으로 이끄는 힘을 가지고 있어서 바라는 것들의 실상과 현실이 된다. 믿음대로 된다는 것을 우리는 믿는다. 우리는 기적을 믿는다.

HUMILITY | 겸손히 섬긴다 (謙卑服務 Serve in humility)
겸손은 가장 중요한 우리의 행동양식이다. 생각은 하늘과 같이 높고 가슴은 고결한 자부심으로 충만하지만 우리의 자세는 한없이 낮아져야 한다.
우리는 천하보다 귀한 사람을 섬기기를 자처한 사람들이며 우리가 하는 일은 서비스업으로 섬기는 일이다. 자기를 높이는 사람은 낮아지고 자기를 낮추는 사람은 높아질 것이다. 모든 것을 이루고도 겸손할 때 비로소 우리의 명예가 존경으로 완성된다.

*애터미 홈페이지 http://www.atomy.kr

'**영혼**'을 소중히 여기며,
'**생각**'을 경영한다.
'**믿음**'에 굳게 서며,
'**겸손**'히 섬긴다.

04 애터미 문화*

'애터미'는 도덕적이고 윤리적인 초일류 기업문화를 지향한다. 국가나 기업 발전의 차이는 자원이나 규모보다 인간개발의 바탕이 되는 '문화'의 차이이다. 그러므로 애터미는 기업 발전과 파트너의 성공을 위하여 문화를 가장 소중히 여긴다.

[원칙 중심의 문화]
편법을 쓰지 않고 정도와 정직을 지키는 인류의 보편적 기본 가치를 실현하는 문화이다. 예전 가짜 '백수오' 파동은 원칙을 지키지 않으면 잘 나가던 수천억 가치의 기업도 위험할 수 있다는 것을 실례로 보여주고 있다.

[동반 성장의 문화]
모든 협력 업체, 임직원, 사업자, 고객이 함께 동반 성공하자는 문화이다.

[나눔의 문화]
애터미는 나눔의 문화로 오병이어*를 실천하는 회사이다. 정의롭고 균형 잡힌 분배의 문화이며, 사회적 약자들에게도 적정한 과실 분배가 이루어지도록 하는 문화이다. 이러한 문화를 애터미 본사와 모든 센터에서 꾸준히 교육하고 있다. 애터미 문화가 일반화·일상화 되면 착하고 배려심 있는 사회로 바꾸는 데 크게 기여할 것이다.

*애터미 홈페이지 http://www.atomy.kr
***오병이어**(五餅二魚) : 예수가 떡 5개와 물고기 2마리로 5천 명을 먹였다는 기적(신약성서 마태복음 14장 14~21절)

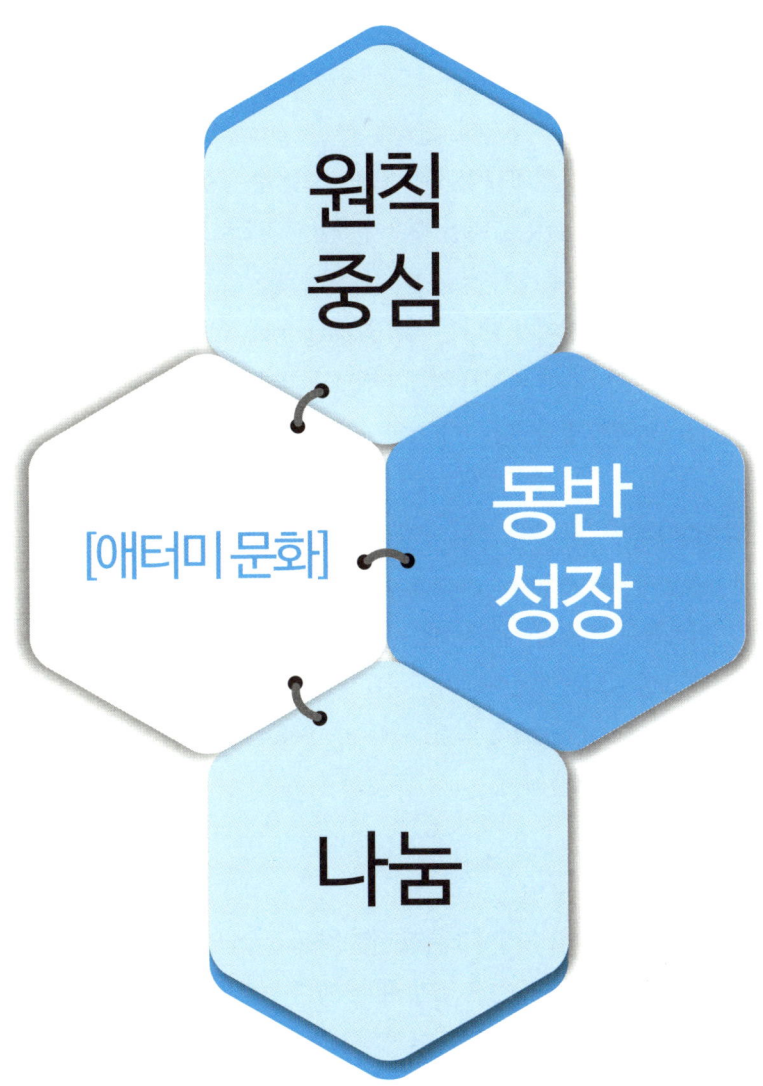

05 경영 목표*

[고객의 성공]

고객에 대하여 젖을 많이 짜내기(회사 이익) 위해 사료를 주는 '젖소 철학'을 적용하는 기업들이 많다. 그러나 애터미는 고객을 수단이 아닌 목적으로 생각하고 조건없이 아기를 키우는 어머니처럼 베푸는 사랑의 '아기 철학'을 바탕으로 한다.

사람들을 먹여 살리면 부자가 된다는 식신생재(食神生財)처럼 "고객을 성공시키면 회사도 저절로 발전한다"는 이타적인 경영 마인드를 가지고 있다. 애터미의 목표 '고객성공'은 궁극의 마케팅 방식이다.

[유통의 허브]

전 세계 유통업계 제패 전략(GSGD: Global Sourcing, Global Marketing)으로 애터미 브랜드 이외의 모든 브랜드도 유통시킬 계획이다. 유통의 글로벌 고속도로이자 신 실크로드를 깔고 있는 회사이다. 애터미는 허브 역할만 담당하고 연구(원자력연구원, 콜마, 협력회사), 제조(콜마BNH, 협력회사), 유통(각 제조사), 판매(회원)를 모두 아웃소싱하는 무인의 최첨단 온라인 회사이다.

[초일류 기업]

회사가 발전하면서도 회사 운영비가 극히 적어 위험도 극소인 초일류의 자동 온라인 무인 기업을 추구한다. 목표 달성을 위한 최상의 업무능력은 무조건 일을 잘 하는 것이 아니고, 업무를 연구하고 판단하여 불필요한 일(프로세스)은 아예 없애버리는 등 보다 스마트한 기업으로 만드는 것이다.

*출처 : 박한길, 네트워크마케팅 회사의 리스크관리에 대한 연구 : 애터미 사례를 중심으로, 우송대 석사 논문, 2016, p37

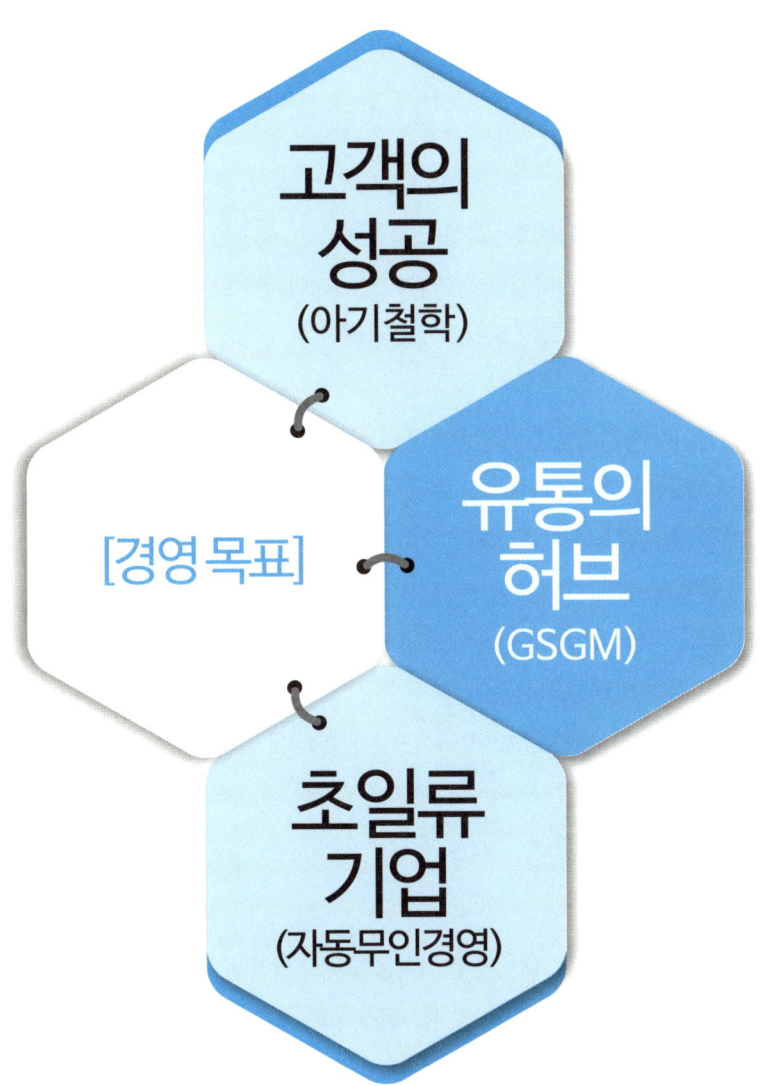

06 경영 전략과 경영 방침

[경영 전략]

최고의 애터미 경영 전략은 정선상략(正善上略), 즉 '정직+선함'이다. 이 전략은 악이라도 선으로 갚겠다는 전략이다. 정직+선함은 회사가 장수하고 발전하는데 최상의 기본 덕목이며 '진성(True) 마케팅'의 핵심이다. 애터미의 진성 마케팅은 2,000원 짜리 품질 좋은 칫솔을 990원에 회원들에게 판매하는 식이다. 오래 소비할수록 회원들에게 이익이 된다.

정직+선함이라는 기본을 지키지 않으면 어느 회사나 한 방에 망할 수 있다. 예전에 이엽우피소의 가짜 백수오 파동으로 전도유망한 회사가 엄청난 타격을 입었었다. 그 외에도 허위 탈모방지 샴푸, 과자보다 질소가 더 많이 든 질소 과자, 카라멜 색소가 들어간 홍삼액 등 편법 사례가 많다. 편법은 회사든 개인이든 망하는 뇌관이며 눈가리고 아웅하는 식의 '가성(False) 마케팅'이다.

예를 들어 가성 마케팅은 품질이 좋다는 핑계로 회원들에게 1,000원 짜리 제품을 10,000원에 팔아서 바가지 9,000원을 이익과 수당으로 활용하는 나쁜 네트워크 회사의 대표적인 속임수 방식이다. 회원들의 주머니를 터는 이러한 방식은 회사만 배불리고 회원은 결국 손해를 보게 된다.

[경영 방침]

스몰빅(작지만 큰 회사)으로 내실과 관리비용을 극소화하는 '면도칼 경영'을 실천한다. 세부사항은 무차입 경영, 무인 경영 시스템을 통한 관리비 절감, 대량 생산을 통한 제조비 절감, 제품의 품질과 관련 없는 비용 제거(광고비, 매장운영비, 인건비, 샘플 비용, 과도한 포장, 요란한 행사나 이벤트 등), 기타 제품 원가와 관련한 모든 요소의 비용을 최대한 절감 등이다.

[경영 전략]
정선상략
(正善上略)
'정직+선함'

[경영 방침]
스몰빅
(작지만 큰 회사)
면도칼 경영

07 창업이념*

[생존]

인적·물적 자원의 효율적 사용과 무인 자동화 등으로 회사 운영비 절감과 최소화로 경쟁력을 극대화하여 생존력이 강한 회사를 추구한다.
1) 면도칼 같은 원가관리 2) 무차입 경영원칙의 탄탄한 재무관리 3) '털어도 먼지 안 나는 회사'처럼 유리알 같은 투명경영 4) 준법과 도덕적인 원칙중심의 정도경영 5) 과학적이고 미래지향적인 인적자원관리 6) 시의적절한 합리적 환경관리 7) 명예로운 애터미 문화의 창달과 정착을 통해 기업의 생존을 확보하고 후대에도 지속적으로 부가가치를 창출할 수 있는 기업을 추구한다.

[속도]

정확한 방향으로 병렬 속도, 배가 원리, 시간 압축과 복제 등의 시간공학 원리에 의해 폭발적인 성장을 계속 견지한다. 1) 외부환경 변화에 대한 적응 속도 2) 애터미 정보의 전파 속도 3) 사업자들의 소득증가 속도를 높여 성공하는 애터미가 목표이다.
"덩치가 크다고 항상 작은 기업을 이기는 것은 아니지만, 빠른 기업은 느린 기업을 언제나 이긴다" (존 챔버스, 시스코 시스템즈 회장). 몽골의 세계 정복은 사람의 시속 8km 시대에 말의 시속 60km를 활용했기 때문이다.

[균형]

지속 가능한 회사를 위해 참여의 기회균등과 창출된 가치의 균형분배로 특정인만 성공하는 차우침 없이 애터미 내·외부 고객 모두의 성공을 추구한다.
불균형은 성장의 저해요인이 되므로 사원, 소비자, 사업자, 협력사, 국가 등의 균형 발전을 위해 최소율의 법칙(가장 적은 영양소가 성장률을 결정)을 고려한다. 애터미가 지향하는 '균형잡힌 삶'은 잘 살고, 사랑하고, 배우고, 공헌하는 삶을 사는 것이다.

*출처 : 박한길, 네트워크마케팅 회사의 리스크관리에 대한 연구 : 애터미 사례를 중심으로, 우송대 석사 논문, 2016, p37

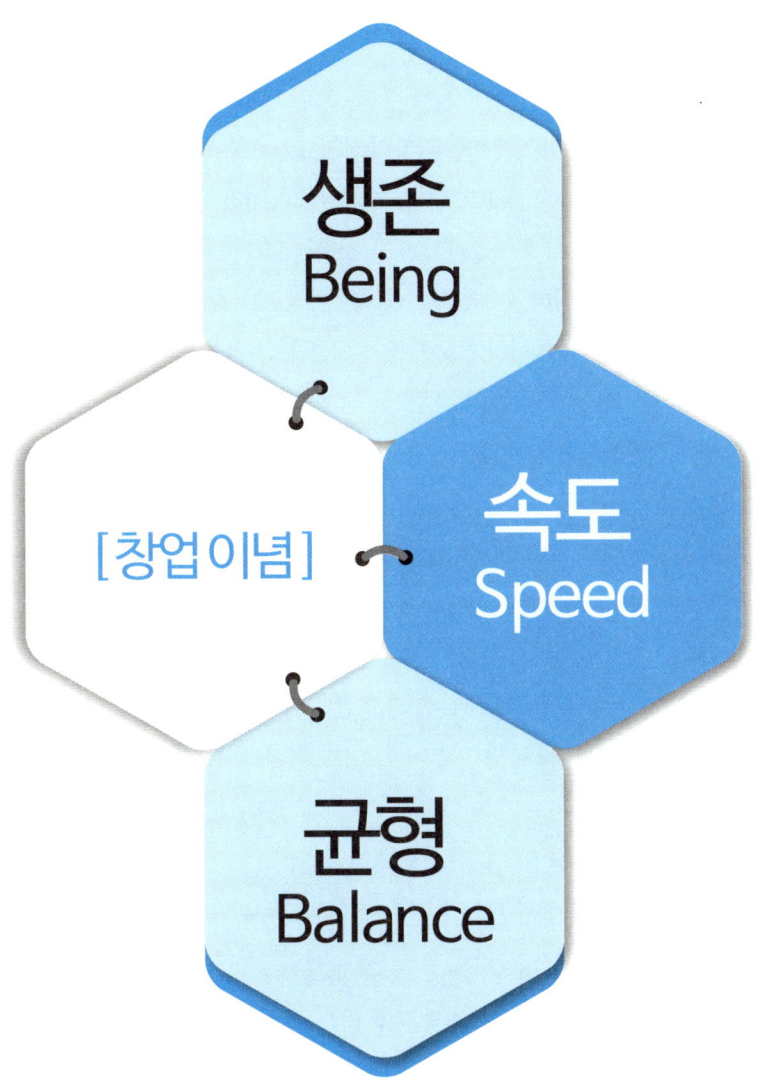

08 경영 철학*

네트워크 사업에서 성공하려면 회원 각자의 장점을 모으는 집단지성이 필요하다.

[**제심합력**]*: '줄다리기나 콘크리트처럼 개개인이나 여러 요소의 힘을 합치자'라는 의미이다. "20%의 상품이 총매출의 80%를 창출하고, 20%의 충성스러운 고객들이 총매출의 80%를 차지한다"는 '파레토 법칙'은 아날로그 시대의 비즈니스 분야에서 황금률로 받아들여져 마케팅의 기본 토대가 되었다. 그러나 디지털 시대로 바뀌면서 등장한 상대적인 이론이 '롱테일 법칙'*으로 "80%의 비주류 상품 혹은 고객의 매출이 20%의 시장지배자보다 더 많은 매출을 올릴 수도 있다"는 이론이다. '집단지성'의 위력을 말한다.

나는 우리보다 못하고, 개별지성은 집단지성을 이길 수 없다. 이 말은 "반팽이(덜 똑똑한 사람/반편이의 사투리) 아홉이 모이면 온팽이(똑똑한 사람/온편이의 사투리) 하나보다 낫다"라는 말이다. 이것이 애터미의 특징이자 방식이다.

[**휴수동행**]*: 고난 속에서도 '서로 손을 잡고 함께 가자'는 의미이다.

[**동심동덕**]*: '같은 목표를 위해 다 같이 힘쓰는 것'을 의미한다.

---

* 이성연 박사 강의

*제심합력(齊心合力) : 후한서 권45 열전(列傳) 제5-2 왕상전(王常傳)
- **공명·공진의 힘** : 테크노마트 12층에서 23명의 태보운동으로 인한 진동, 미국 타코마 다리 강풍 붕괴, 군인이 다리 건널 때 발 맞추기 금지 등
- **집단지성** : 무수한 필자와 인터넷 방문자수 1위의 블로그 '허핑턴 포스트'
- **초유기체** : 거대한 친환경의 흰개미 집, 47도로 온도를 올려 말벌(44~46도에 사망)을 퇴치하는 꿀벌(48~50도) 집단

*롱테일법칙(Long Tail theory) : 시장의 중심이 소수(20%)에서 다수(80%)로 옮겨가고 있는 것을 말한다. 2004년 미국의 기술지 와이어드(Wired)의 편집장 크리스 앤더슨(Chris Anderson)이 처음 창안한 용어이다.

*휴수동행(携手同行) : 중국 시경(詩經) 북풍(北風) 시의 한 문장

*동심동덕(同心同德) : 書經(서경) 泰誓篇(태서편)

제심합력
[齊心合力]

롱테일 법칙
줄다리기, 콘크리트 원리
공명·공진의 힘 (테크노마트 진동)
집단지성 (허핑턴 포스트)
초유기체 (개미, 벌)

휴수동행
[携手同行]

동심동덕
[同心同德]

09 균형 잡힌 삶을 지향

애터미가 지향하는 삶은 균형 잡힌 삶(Balanced Life)*이다. 애터미를 통하여 잘살고, 사랑하고, 배우고, 공헌하는 4가지 삶을 골고루 만족시키며 사는 것이 '균형 잡힌 삶'이다. 4가지 삶이 만들어내는 수레바퀴가 톱니 모양이 아니고 둥근 원의 형태이어야 균형 잡힌 삶이다. 사람은 환경에 둘러싸여 육+영+혼이 서로 어우러져서 산다.

- **잘살며**(육 肉 Flesh)

영혼의 집인 육신은 풍요롭고 건강하게 살아야 하며 장수해야 한다. 차, 저축, 집, 일, 현금, 건강, 별장, 나의 노후, 사업 등의 욕구를 충족시킨다.

- **사랑하고**(영 靈 Spirit)

사람만이 가지고 있는 양심, 영원, 사랑을 추구하고 이를 아내, 결혼, 가족, 자녀, 부모님, 효도, 신앙, 관계, 친구, 남편 등에게 베푼다.

- **배우고**(혼 魂 Soul)

평온한 감정(희노애락)과 기쁜 삶을 위해 나와 가족의 취미, 여행, 여가, 교육, 배움의 욕구를 충족시킨다.

- **공헌하는**(환경 環境 Environment)

기업과 개인의 뿌리는 사회이며, 진정으로 서로 소통하는 길은 나눔에 있다는 이념을 바탕으로 기부, 장학금, 봉사, 자연보호, 지구촌 나눔, 입양 등 나눔 활동에 참여하여 공헌하는 삶을 산다. 애터미는 건강한 기업문화와 기부문화를 만드는 데 앞장서며 보다 밝고 따뜻한 사회를 위해 노력하고 있다.

*애터미 홈페이지 http://www.atomy.kr

10 동반 성장 추구

애터미는 동반 성장(Work Together)의 가치를 이해하고 있다. 합력사, 고객, 지역사회 등 모든 이해관계자와 신뢰를 기반으로 한 상생관계를 추구한다.*

성장 지원(DEVELOP)

합력사의 경쟁력 강화 및 지속성장을 지원한다. 안정적인 판로 제공, 협업시스템 구축을 통한 소통창구 마련, 원자재 구매자금 지원, 납품 후 일주일 내 현금 결제, 계약 기간 지속 갱신, 거래 관행 개선 등 경영 안정 지원, 정기적 품질관리를 통한 리스크 관리 및 컨설팅을 지원한다.

성공 지원(SUCCESS)

균형 잡히고 정의로운 보상플랜, 석세스 아카데미, 원데이 세미나 등 본사 주관 세미나를 통한 연합 성공 시스템 구축, 무진입비와 무유지비로 인한 사업의 용이성, 절대품질·절대가격의 제품으로 고객 성공을 지원한다.

나눔(SHARE)

국내외 지역사회의 성장과 발전을 지원한다. 애터미는 2015. 12. 기준 사랑의 연탄과 김장김치 나눔, 네팔 지진 구호성금 등 총 누적금액 44.4억 원을 지원, 2019년 사랑의열매 사회복지공동모금회에 100억원을 기부하였다.

*애터미 홈페이지 http://www.atomy.kr

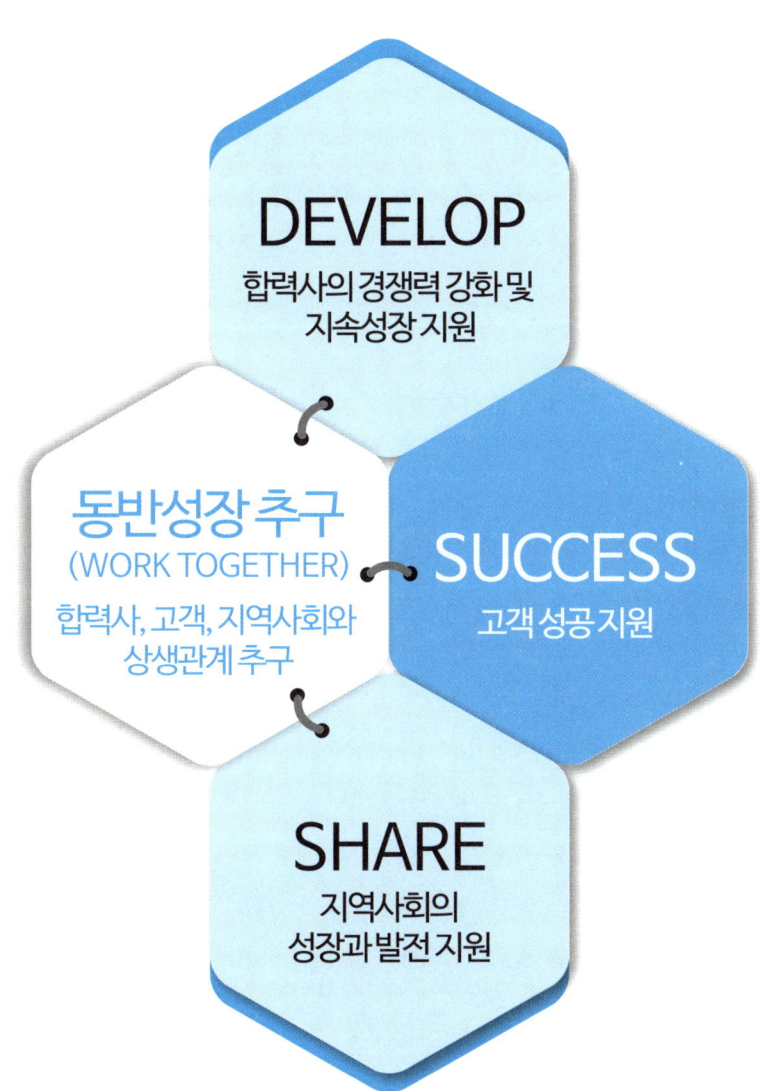

11 애터미 주력 제품 : 생필품

경제적으로 폭삭 망한 채무자의 안방에 채권자가 누워 있어도 채무자는 일상적으로 양치하고 머리는 감는다. 이러한 생필품이 현재의 애터미 주력 제품군이다.

애터미는 글로벌 유통의 허브·고속도로·신 실크로드를 목표로 하고 있다. 그러므로 애터미 인터넷 쇼핑몰에서는 앞으로 애터미 브랜드 제품 이외에 전 세계의 모든 제품이 유통될 것이다.

애터미 쇼핑몰에는 현재 400종 이상 올라왔지만 신제품의 유입 속도가 빨라져 여기서 모두 소개하기가 불가능하므로 별도의 제품 카탈로그나 애터미 홈페이지를 참고하면 도움이 될 것이다.

크게 분류하면 기능성 건강 보조 식품, 헤어 & 바디, 뷰티(스킨케어/메이크업/미용기기/소품), 리빙(세제/주방용품/위생용품), 식품(농수산물/간편식/양념/음료), 패션(여성, 남성) 등이다.

애터미의 주력 제품은 가성비가 월등한 대중명품이며 경쟁 분야에서 시장을 재편할 정도의 파워를 가지고 있다. 주력 제품은 피부 케어에 도움을 줄 수 있는 '화장품', 면역개선에 도움을 줄 수 있는 '헤모힘'*, 구강 케어에 도움을 줄 수 있는 수용성 '프로폴리스 치약'과 금이온 방균 칫솔* 등이다.

이들 관련 세계 시장 규모는 건강보조식품이 전 세계 약 480조원(2015 기준/한국건강기능식품협회), 화장품이 전 세계 약 300조원(2014 기준/대한화장품협회), 치약은 약 10조원(건치신문)이다. 이 시장을 향해 애터미는 글로벌로 지속적인 확장을 해 나가고 있다.

*헤모힘 : 2019년도 기준 6년 연속 가장 많이 팔린 건강기능식품
*칫솔 : 1년에 약 3,000만 개 정도 팔림. 1초마다 1개씩 팔린다고 '1초 칫솔'이라고도 함.
* 출처 : 박한길, 네트워크마케팅 회사의 리스크관리에 대한 연구 : 애터미 사례를 중심으로, 우송대 석사 논문, 2016, p40, 42

[생필품 위주]

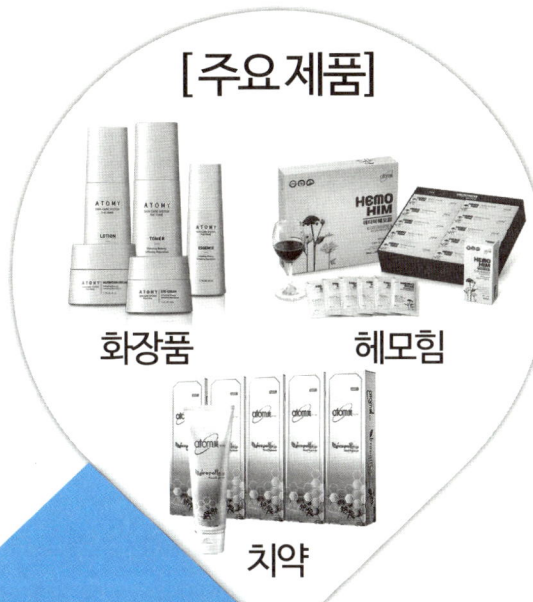

[주요제품]

화장품   헤모힘

치약

[애터미 제품군]
- 기능성 건강 보조 식품
- 헤어 & 바디
- 뷰티(스킨케어/메이크업/미용기기/소품)
- 리빙(세제/주방용품/위생용품)
- 식품(농수산물/간편식/양념/음료)
- 패션(여성/남성)

(애터미 홈페이지)

12 팔리는 제품 컨셉 : 대중명품

미래의 회사는 소비자가 돈을 벌 수 있는 경제 방식이 아니면 살아남기 힘들 것이다. 애터미는 "좋은 제품을 싸게 팔면 잘 된다"라는 매우 단순한 세상의 유통 원리를 실천하는 회사이다.

그러므로 애터미의 제품 컨셉은 애터미 경영목표인 '고객성공'을 위해 고객중심의 제품인 '대중명품'의 매스티지(Masstige=Mass+Prestige)*이다. 매스티지는 대중(Mass)과 명품(Prestige Product)의 합성어이다. 품질과 상표는 '명품' 이미지를 갖추되 저렴한 가격으로 대량생산 되는 상품을 말한다. 저렴한 가격이지만 품격 있는 명품성 제품을 의미하며 '웰빙'과 '실속'을 추구한다.

소수의 1% 부유층만 구입할 수 있는 고급·고가의 프레스티지 명품(Luxury Brand)과는 달리 매스티지는 99%의 중산층 소비자들도 구입 가능한 고급·저가의 제품이다. 이러한 99% 거대 소비자 층이 애터미가 목표로 하는 시장이다.

매스티지의 모든 제품은 거품 비용을 몰아내고 온전히 제품의 품질 개선에만 비용을 쏟아 부음으로써 고품질·저비용의 대중명품을 만들어서 공급한다. 그러므로 매스티지 상품은 한마디로 '싸고, 좋다'로 표현된다. 그러므로 '파는' 제품이 아니고 '팔리는' 제품이 되는 것이다.

*출처: 박한길, 네트워크마케팅 회사의 리스크관리에 대한 연구 : 애터미 사례를 중심으로, 우송대 석사 논문, 2016, p49

매스티지
Masstige=Mass+Prestige

대중+명품
싸고+좋다
웰빙+실속

[애터미 제품 컨셉]
고객 성공
고객 중심

13 승리전략 : 절대 품질·절대 가격*

3개에 2천 원 하는 대박 호떡집도 주방장이 독립하여 이웃에 4개에 2천 원 하는 호떡집을 내면 경쟁에서 질 수 있다. 그런데 그 주방장보다 더 실력 있고 맛 좋고 품질 좋은 이웃 호떡집에서 10개를 1천원에 판다면 승부는 뻔해진다.

"승리하는 군대는 먼저 승리할 수 있는 여건을 조성해 놓고 나서 적과 싸움을 추구하고, 패배하는 군대는 먼저 싸움을 걸어 놓고 승리를 추구 한다."라는 선승구전*의 손자병법이 있다. 이 전략의 충실한 실천자는 23전 23승의 '이순신' 장군이었다.

선승구전 전략은 경제 전쟁이 치열한 이 시대에서 가성비 최고의 애터미 '절대품질(최고 품질), 절대가격(최저 가격)' 전략이다. 애터미 마케팅 전략은 음악 기호의 크레센도(〈)*형이다. 최고로 고도화된 '절대 마케팅'이다. 이러한 전략은 물건을 팔 필요가 없다. 소비자 사이의 소문 즉 '제품에 입과 발'이 달려서 저절로 팔린다. '물은 높은 곳에서 낮은 곳으로 흐른다'는 불변의 자연 법칙 마케팅이다.

반면 여타 기업은 종종 데크레센도(〉)*형으로 인건비, 물가, 유통비 상승 때문에 어쩔 수 없이 '품질을 낮추고, 가격을 올리는' 경우가 많다. 결국은 실패할 수밖에 없다. 물론 일반 기업도 품질은 올리고, 가격은 낮추고 싶어 하지만 현실적으로 어렵다. 회원제 직접 판매와 달리 생산부터 소비까지 그 사이에 여러 가지 단계와 비용이 들 수밖에 없는 구조이므로 일반 기업들은 알고도 실천하기 힘들다.

그러나 절대 마케팅의 애터미는 4차산업 시대에 요구되는 언슈머 경제인 협업적 회원제 직접판매로 유통의 새 역사를 쓰고 있다.

*출처 : 박한길, 네트워크마케팅 회사의 리스크관리에 대한 연구 : 애터미 사례를 중심으로, 우송대 석사 논문, 2016, p41
*손무(孫武)의 손자병법 '형(形)' 편 : 승병선승이후구전, 패병선전이후구승(勝兵先勝而後求戰, 敗兵先戰而後求勝)
*크레센도(Crescendo) : 음악기호 점점 크게
*데크레센도(Decrescendo) : 음악기호 점점 작게

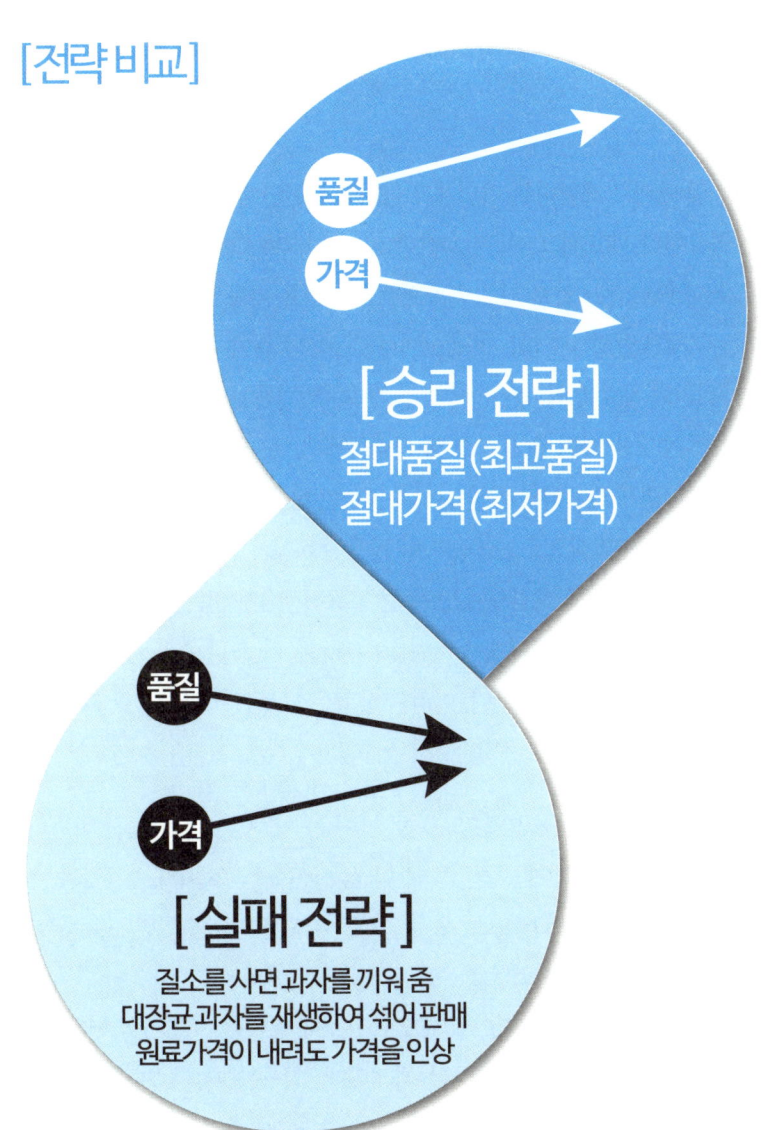

14   무한혜택 : 무한단계·무한누적

애터미는 몇 단계로 제한하는 다단계가 아니고 무한단계이다. 무한단계로 포인트와 회원을 공유한다. 네트워크 전문가들은 "그렇게 다 퍼주면 회사가 망한다."라고 우려한다. 그러나 애터미는 업계 최초로 소비자 마케팅을 바탕으로 하기 때문에 수당이 고갈되는 문제가 발생하지 않는 새롭고 경이로운 시스템이다.

공정거래위원회 자료에 의하면 애터미는 소비자 회원 93%, 사업자 회원이 7%이다. 사업을 해야 수당을 타갈 수 있으므로 회원들에게 회사와 수많은 사업자들이 수당을 타가라고 그렇게 권유해도 회원 93%가 소비만 한다.

이렇게 애터미는 자발적으로 13~19배나 많은 소비자가 받쳐주고 있으므로 무한단계로 포인트를 공유해도 사업자 수당이 절대로 고갈되지 않는다. 수당용 재정이 넉넉하므로 위 아래 회원 누구에게도 피해를 주지 않는다. 또한 수당을 탈 때까지 공유 포인트는 무기한 무한정 축적된다. 이러한 사실은 네트워크로 시작한 2009년부터 현재까지 안정성이 탄탄하게 유지되면서 검증되고 있다.

한편, 애터미와는 달리 돈을 벌겠다(수당을 타겠다)는 회원이 많은 사업자 위주의 타사 네트워크 마케팅은 무한단계로 포인트와 회원을 공유하면 소비자 마케팅과 달리 수당 지급에 문제가 생긴다. 그러므로 수당 인정을 위한 포인트와 회원 공유를 몇 단계로 제한하고 있다. 이러한 시스템을 유한단계, 즉 다단계라고 한다.

타사 사업자 마케팅은 제품가격이 비싸므로 재구매 소비로 인한 자연스러운 재원이 발생하기 어려워서 수당용 재정이 부족하게 된다. 회사는 이를 메꾸기 위해 수당과 성공을 미끼로 매월 매출 포인트 자동 소거, 비싸도 제품을 살 수 밖에 없는 유지비 규정, 사업자 자격 구매비 등으로 강제 매출을 일으켜서 사업자들의 희생을 감수하도록 한다. 밑 돌 빼서 윗돌 괴는 식이다.

[차이점 비교]

[애터미]
무한단계로
포인트·회원공유
소비자마케팅

[타업체]
유한단계로
포인트·회원공유
사업자마케팅

15 위험 없는 무가입비·무유지비

네트워크 마케팅회사에 회원으로 가입할 때에 가입 여부를 판단하는 주요 조건이 가입비와 월 유지비 유무 여부이다.

애터미는 가입비와 월 유지비가 없고 추천 수당도 없다. 그러므로 애터미 회원 가입-소비자-사업자가 되어도 절대 손해나 망할 위험(Time Gap=0)*이 없다. 소비자 마케팅 중심의 애터미는 재정적으로 자신이 있다. 왜냐하면 93%가 소비자 회원, 7%가 사업자 회원 구조이고, 절대 품질·절대 가격이므로 자연스러운 매출이 발생하여 재정이 충분하다. 당연히 수당재원도 매우 넉넉하다.

그러나 애터미와 달리 여타 다단계 회사들은 돈을 벌기 위한 기회비용으로 제품이 비싸도 사업자들이 구매해야 하는 구조를 가지고 있다. 제품이 비싸서 재 구매 소비로 인한 자연 매출이 어려워 회사의 재정이 압박을 받게 된다. 그러므로 가입비와 월 유지비로 부족한 재정을 메꾸고 회사 지탱의 주요 사업비로 충당한다. 탈퇴하면 손해이므로 회원에게 가입비는 멍에가 된다.

가입비와 월 유지비는 회사의 매출-이익-운영비-보상비로 쓰인다. 나중에 가입한 회원의 가입비를 먼저 가입한 회원을 위하여 비용과 수당으로 활용한다. 밑돌 빼서 윗돌 괴는 식으로 항상 부도의 위험(High Return, High Risk)이 있다.

가입비가 일회성이라면 꾸준한 회사 매출을 강제로 유지하기 위한 월 유지비는 지속적인 후불제 가입비이다. 다단계회사의 월 유지비는 매월 자기 매출과 하위 매출 포인트 자동소거 때문에 사업자들이 수당을 타려면 강제적으로 쓸 수밖에 없는 기회비용이다. 최근 다단계회사들의 트렌드는 명목상 가입비를 없애고 사업투자비로 말만 바꾸어 제품을 강매하고 있다. '눈 가리고 아웅' 하는 식이다.

*출처 : 박한길, 네트워크마케팅 회사의 리스크관리에 대한 연구 : 애터미 사례를 중심으로, 우송대 석사 논문, 2016, p49

[차이점비교]

[애터미]
가입비 없다.
유지비 없다.
추천수당 없다.

[타업체]
가입비·유지비 있다.
(회사매출·이익·운영비
보상비로 쓰임)

16 글로벌 원 넘버·원 시스템

독일의 유명한 보험학자 마네스는 상부상조의 정신을 "1인은 만인을 위하고 만인은 1인을 위한다."라고 표현하였다. 애터미 사업도 이와 같다. 회원 1인이 사업하고 소비하면 여러 사람에게 도움이 되고 그러한 여러 사람은 성공자를 만든다.

애터미는 하나의 회원번호와 시스템(One Number, One System)로 전 세계가 하나의 네트워크 구조를 가지고 있는 글로벌 비즈니스(Global Business)이다. 네트워크 사업에서 매우 유리한 시스템이다. 단일 망에 전 세계인이 가입하면 거대한 글로벌 마켓이 형성되면서 그 안의 회원들은 지구촌 가족이 되는 것이다. 모든 한국인이 먼저 애터미 회원 가입과 사업을 하면 미래의 대한민국은 완벽한 복지국가가 될 수 있다.

요즈음은 한류로 인한 한국 제품의 국제적인 인기가 상승하고 있다. 그러므로 글로벌 원 서버 시스템에 절대품질·절대가격의 기능성 건강보조식품의 헬스 제품, 화장품 같은 뷰티 제품 유통은 성공 가능성이 매우 크다. 더하여 애터미 치약과 칫솔같은 대표적 소모품인 생필품 유통도 일회성이 아닌 재구매가 발생하는 '지속 가능한 사업'이므로 글로벌 대박 사업이 되는 것이다.

반면 네트워크 사업에서 불리한 시스템은 같은 회사, 같은 사업인데도 나라가 달라지면 국가마다 회원번호를 별도로 획득해야 하는 국가별(National Number, National System) 시스템 구조를 가진다. 이러한 방법은 집중력이 분산되므로 진정한 글로벌 시스템은 아닌 것이다.

예를 들어, 외국계 네트워크 회사 한국 시스템의 경우 마케팅 대상과 공유 혜택을 애터미와 비교해 보면 '국가별 시스템: 글로벌 단일 시스템=5천만명: 70억명'이므로 시장 규모의 차이는 원 시스템이 140배 이상이다.

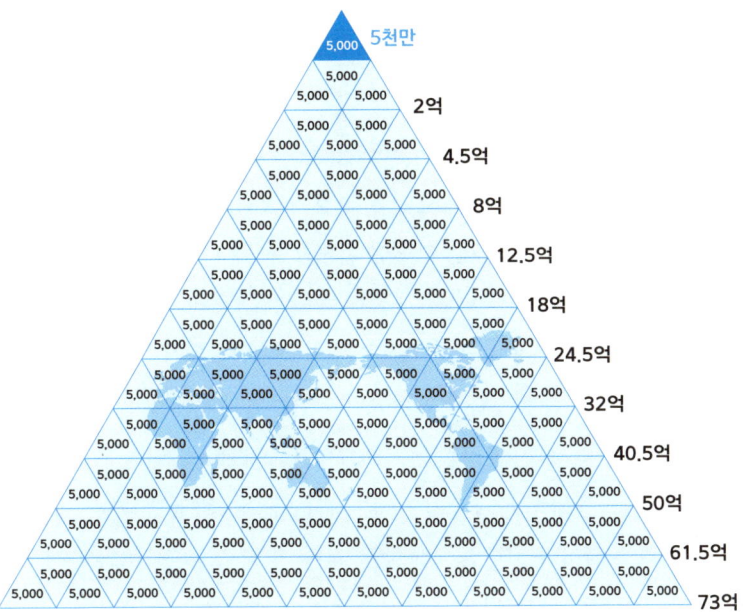

[전세계 하나의 번호와 시스템]
Global Business

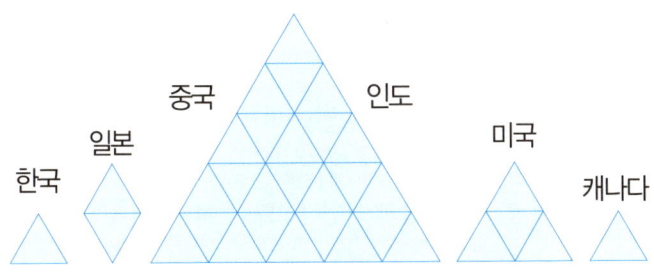

[전세계 국가별 번호와 시스템]
Local Business

17 모두 1번 : 상한선 시스템

애터미에서 최상급자의 '상한 보상액' 규정은 좀 더 많은 사람에게 적당히 풍요로운 삶을 누릴 수 있게 하는 제한 시스템이다. 보상이 상위직급으로 편중되는 무상한(無上限) 네트워크 시스템의 문제점을 개선한 절묘한 제도이다.

상한선 제도로 인하여 사업자 모두는 나만의 시스템을 갖게 되며 '시간차로 모두 1번'이므로 순차적으로 정상에서 모두 만난다. 잘 하면 후발주자가 선발주자를 추월하기도 한다. 성공자들의 초과 하위매출은 하위 회원들에게 분배된다. 이후 성공자들은 하위 파트너들의 성공을 위해 지원한다. 이타적이고 착한 구조이다.

그야말로 제러미 벤담(Jeremy Bentham)의 '최대 다수의 최대 행복'을 추구하는 공리주의 시스템과 유사하다. 100억의 보상액이라면 최고 성공자 200명에게 5천만 원씩 분배하는 방식이다. 이처럼 가능한 많은 사람들에게 골고루 나눠주는 시스템 즉 공리주의 보상 플랜이 상한 보상액 방식이다.

한편 무 상한선 다단계 시스템은 '영원히 1번 1명'의 구조이므로 후발 주자는 절대로 1등을 따라 갈 수가 없다. 무 상한선은 보상액을 독식하는 방식이므로 최고 성공자 혼자 100억 이상을 가져 가기도 한다.

이는 말로는 "함께 성공하자" 하면서 또 다른 부익부 빈익빈 형태의 독점적 자본경제이다. 그러므로 무 상한선 다단계 시스템 사업자들은 빨리 앞자리를 선점하는 선착순을 강조한다. 한 몫 잡아서 나중에 가입한 회원이 어찌되든 말든 치고 빠지는 전략을 중시한다. 일종의 먹튀 방식이다. 회사 선택에 신중해야 한다.

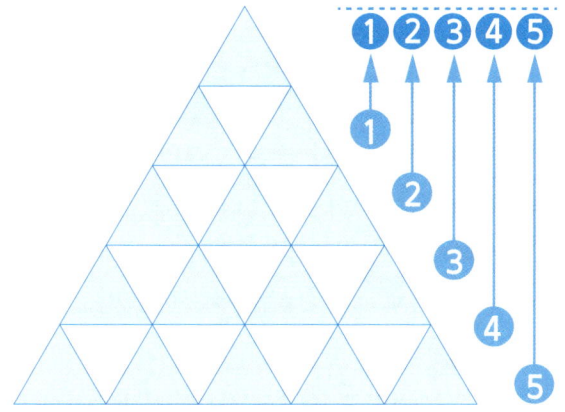

[애터미 상한선 시스템]
다수 ➡ 적정 분배 (최대다수 최대행복)
시간차 모두 1번 (상한선 있어서 정상에서 모두 만남)

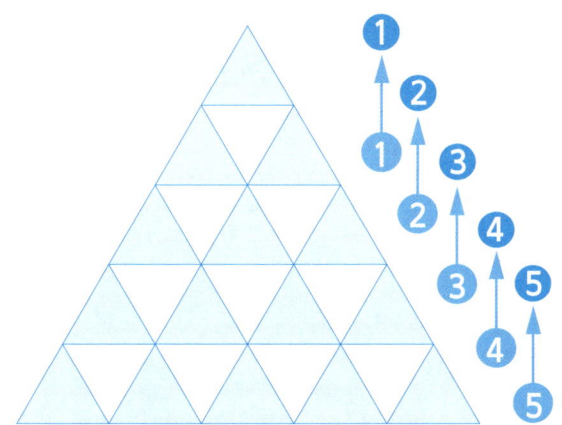

[무 상한선 다단계 시스템]
1명 ➡ 독점 (부익부 빈익빈)
영원히 1번 1명 (상한선이 없어서 절대 못따라감)

18 글로벌 유통의 신 실크로드

애터미의 2019년도 국내외 총매출액은 약 1.5조이다. 지난 10년간 연평균 14% 성장률을 유지해 왔다. 이러한 성장세를 바탕으로 조만간 동종 업계의 톱이 될 것이다. 그러나 처음부터 애터미는 경쟁상대를 동종 네트워크 업체가 아니고 일반 유통(대형마트, 할인 마트, 백화점, TV홈쇼핑, 인터넷 쇼핑몰)을 대상으로 차원이 다른 네트워크 마케팅의 새로운 역사를 써나가고 있다.

현재 한국 토종기업인 애터미는 까다로운 선진국 시장에서 정착·발전하는 등 해외진출에 성공하고 있는 것은 놀랍고 대견한 것이다. 대기업도 쉽지 않은 세계 초일류기업의 꿈을 실현해 가고 있다. 글로벌 경영으로 애터미는 2019년도에 1억불 수출탑을 수상하는 등 꾸준한 수출실적 성장세를 이어가고 있다.

2020년 현재 해외지사는 미국, 일본, 캐나다, 대만, 싱가폴, 캄보디아, 필리핀, 말레이지아, 멕시코, 태국, 호주, 베트남, 인도네시아, 러시아, 중국 오픈과 함께 계속 홍콩, 터키, 인도, 중남미를 거쳐서 유럽까지 뻗어나가는 글로벌 회사가 될 것이다.

애터미는 글로벌 유통의 고속도로, 실크로드가 되고자 하는 비전이 있다. 유통의 페이스북, 칭기즈칸이 꿈만은 아니다. 회사의 글로벌화에 발 맞추어 애터미 회원 사업자들도 소비자 그룹을 국내에서만 찾지말고 글로벌 마인드를 갖추고 해외로 확장해 나가야 한다. 국내에 들어와 있는 외국인이나 현지인 그리고 다문화인들을 적극 활용한다. 70억이 기다리고 있다.

애터미는 2019년 1.5조 매출에서 1억 이상 연봉자가 745명 이상이다. 글로벌 애터미는 100조 매출이 목표이다. 100배 성장이므로 1억 이상 연봉자도 5만명 이상이 된다. 나만 소외되지 말자. 지금 사업을 하면 당신도 해당이 되는 것이다. 그러므로 애터미는 거대한 고용창출로 국익과 세계의 이익에 기여할 것이다.

[글로벌 유통의 고속도로·실크로드]

[애터미 글로벌 지사]
- 미국 ● 일본, 캐나다
- 대만 ● 싱가포르
- 캄보디아 ● 필리핀
- 말레이시아 ● 멕시코
- 호주 ● 태국 ● 러시아
- 인도네시아 ● 중국

[지사 설립 예정]
- 홍콩
- 터키
- 인도
- 콜롬비아
- 중남미 지역
- 유럽 지역 등

19 애터미 주요 행사

사업자들은 행사를 통해 사업 방법을 배우고 힐링도 한다. 세미나에서 사업자의 상처받은 마음이 위로 받고 치유됨으로써 다시 힘을 얻어 사업을 지속하게 된다. 현재는 세계적인 팬데믹으로 주로 화상미팅 등 온라인으로 진행한다.

[석세스 아카데미 Success Academy] : 본사 공식
성공 노하우와 균형 잡힌 삶에 대한 방향을 제시해주는 1박 2일 공식 세미나이다. 애터미의 비전을 설명하고 신규 직급 취득을 축하하는 승급식, 인생시나리오 작성 등 애터미 성공 시스템을 안내하는 애터미 성공 사관학교이다. 월 1회 매월 둘째 주 금~토요일 (일정 변경 시 별도 공지) 개최한다. 장소는 전국 10여 곳, 국외 등에서 동시에 진행한다. 각 센터에서 생중계로 참관할 수도 있다.

[원데이 세미나 One Day Seminar] : 본사 공식
신규나 사업자 회원을 초청하여 창업이념 및 회사소개, 애터미 문화와 경제, 제품소개 및 성공의 길을 안내하는 공식 세미나이다. 매주 목요일(석세스 아카데미 개최 주간에는 없음) 개최한다. 몇 군데 지역과 장소에서 진행한다. 각 센터에서 생중계로도 참관할 수 있다.

[지역연합 원데이 세미나] : 본사 공식
기존의 원데이 세미나와 동일한 내용으로 진행되며 지역 활성화를 위해 매주 화, 토요일 진행된다. 장소는 전국에서 각 지역별로 개최한다.

[부업가 세미나] : 본사 공식
애터미 사업을 부업으로 하는 회원들에게 최적화된 세미나로 토요일에 진행된다. 장소는 전국에서 각 지역별로 개최한다.

[교육 센터 Education Center]
각 센터에서 자율적으로 운영되며 주중 매일 제품과 사업 관련 교육이 실시된다. 애터미 사업자의 직장과 같다. 센터를 적극 활용하면서 평소에 파트너 사업자들과 친해져야 사업을 펼칠 때에 상호 협력과 도움을 받을 수 있다.

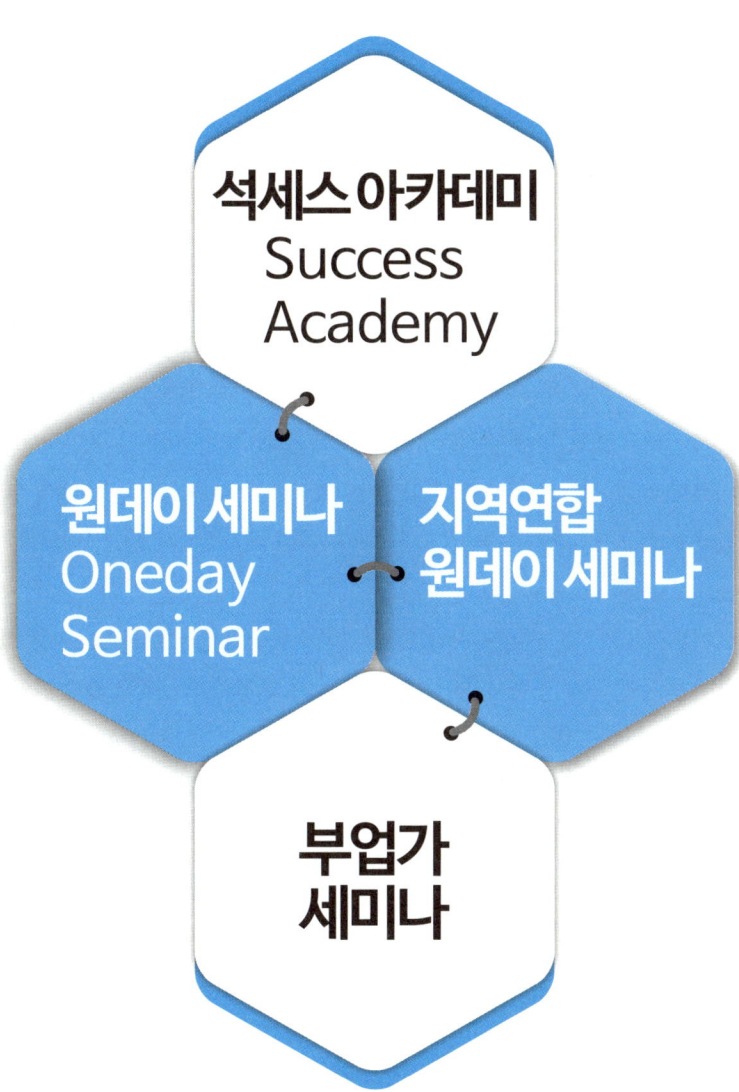

20 특이문화 척결 운동

애터미는 교과서에서 정의한대로 네트워크 마케팅을 긍정적 이미지로 개선하기 위한 '특이문화척결' 운동을 하고 있다. 다단계의 고질적인 부정적 이미지를 정면으로 돌파하고 궁극적으로 네트워크 사업자라는 직업이 자랑스럽도록 사람들의 인식을 바꾸는 것이 목표이다. 앞으로 네트워크가 애터미 때문에 칭찬을 듣게 될 것이다.

다단계라는 말은 사람들에게 트라우마이다. 불법 불량 다단계 회사들이 사람들에게 경제적인 피해를 주고 마음에 상처를 입혔기 때문이다. 사람들이 접하는 다단계 관련 뉴스에 선행은 없고, 항상 범죄만 보도되기 때문에 나쁜 이미지가 각인(낙인효과)되었다. 바르고 선한 원칙의 회사 애터미도 낙인효과로 회원을 초빙할 할 때에 영향을 받고 있다. 네트워크 마케팅의 낙인효과는 무자비한 대기업에게 진입장벽의 역할*을 하고 있으므로 올바르게 잘만 하면 중소기업에게는 차라리 좋은 기회이다.

다단계 이론은 1927년 하버드 경영대학원 '던킨' 교수의 창시 이론이다. 이후 1932년 와흐터 박사에 의해 정립되었다. 이론은 올바르고 환상적인데 몇몇 불법 다단계 회사들이 악용하여 오명을 쓰게 되었다.

경제 전문가들이 예측하는 미래 4차산업시대의 신개념 유통방식은 회원제 직접 판매인 네트워크 마케팅이다. 삼성의 이건희 회장도 "바야흐로 무점포 시대가 오고 있다. 준비하는 자만이 살아 남는다."라고 하였다. 또한 빌게이츠도 "내가 만약 소프트웨어 산업을 하지 않았더라면 네트워크 마케팅 사업을 했을 것이다." 라고 말했다.

우스갯소리로 두 마리의 미친 개 '선입견과 편견'을 잡는 명견은 '백문이 불여일견(百聞不如一見)'이라고 한다. 해서 애터미의 특이문화 척결운동은 원칙과 정직이라는 팩트(Fact)를 보여주고 네트워크 역사를 새로 쓰기 위하여 백 마디 말보다는 실천으로 보여주고자 하는 것이다.

*출처 : 박한길, 네트워크마케팅 회사의 리스크관리에 대한 연구 : 애터미 사례를 중심으로, 우송대 석사 논문, 2016, p44

사회적인 낙인효과로 대기업은 아직 그림의 떡
중소기업에게 다단계 이미지는 차라리 기회이다.

21 회원가입 방법*

[내국인]

[로그인] 애터미 사이트(http://www.atomy.kr)에 들어간다. 이미 가입한 회원의 아이디와 비밀번호로 로그인 한 후 회원가입을 누른다. 회원가입 시에 로그인은 후원인과 일치하지 않아도 된다.

[내/외국인 선택] 가입자가 내국인, 국내거주 혹은 해외 외국인 인지를 확인하여 '가입하기'를 누른다. 만 20세 이상만 가능하다. 지사가 설치된 외국인은 해당 국가의 사이트로 들어가서 가입한다.

[약관 동의] 약관 전체에 동의하고 확인을 누른다.

[본인 인증] 휴대폰 인증, 아이핀 인증, 카드인증 중에서 선택하여 신청인의 본인인증을 한다. 부부는 따로 가입할 수 없고 하나의 코드만 가질 수 있다. 정보가 일치해야 본인 인증이 가능하다. "본인확인완료"가 나타나면 완료를 누른다.

(개명, 주민등록번호 변경 등으로 인하여 개인정보가 변경되었을 경우 본인인증이 되지 않을 수 있다. 만 20세 미만의 미성년자, 공무원, 교원, 군인, 법인 등은 회원가입이 불가 하다. 해외 한국교민은 거주 애터미법인으로 가입한 후 나중에 한국으로 국적변경을 하면 된다.)

[정보 입력] 필수(비밀번호(게스트용 포함), 휴대폰 번호, 주소), 선택(일반전화, 이메일), 실명 인증(은행, 계좌번호) 정보를 입력한 후 확인을 누른다. 나중에 나의 정보에서 수정 변경이 가능하다.

[후원인 지정] 가입예정자 바로 위 먼저 가입한 회원(후원인)의 회원번호를 입력하고 '확인'을 누르면 자동으로 후원인 이름과 센터(나중에 변경 가능)가 조회된다. 확인을 누른다.

[회원 가입 완료] 회원가입완료를 눌러 가입을 완료한다. 아이디와 비밀번호를 잘 확인해둔다.

[국내거주 외국인]

해외지사가 없는 국내 거주 외국인 가입 방법은 내국인과 비슷하고 다음 사항만 다르다.
1. 비자 확인(가입 가능비자 : F-2(거주), F-4(재외동포), F-5(영주), F-6(결혼이민))
2. 국내 은행계좌 개설해야 함. (기업과 하나은행은 안 됨)
3. 외국인등록증 또는 국내거소 신고증 앞뒷면 (핸드폰 사진)
4. 국내거주외국인 판매원 등록 동의서 작성 (핸드폰 사진) : 서식 참조
5. 모바일 로그인 후 인증사이트로 이동(신청서 및 첨부서류를 사진 촬영하여 등록)
6. 2~3일 정도 소요

*애터미 홈페이지 http://www.atomy.kr

국내거주 외국인 판매원 등록(갱신) 동의서

회원번호		소속센터	
성 명		전화번호	
생년월일		국 적	
비자타입		체류기간	

본인은 애터미 (주) 판매원으로 등록하는데 있어 체류유효기간이 경과되었을 때 비자유효기간 연장을 하지 않을 시에는 판매원의 자격이 자동 취소될 수 있음을 숙지하고 있으며, 상기 사항에 대하여 동의합니다.

상기의 내용에 동의합니다.

20   년   월   일

신청인   (서명 또는 인)

* 자필서명이 없거나, 미날인 시 처리 불가 합니다.
* 접수된 모든 서류는 확인 후 즉시 삭제 처리됩니다.
* 주의사항 : H-2(방문취업) 자격 소비자는 애터미㈜ 판매원으로 활동이 불가합니다
* 모바일 로그인 후 인증사이트로 이동 (신청서 및 첨부서류를 사진 촬영하여 등록)

[첨부서류]
1. 외국인등록증 앞면(생년월일 만 노출, 뒷자리는 가려서 촬영, 뒷자리 노출 시 삭제 및 인증불가)
2. 외국인등록증 뒷면(체류기간이 명확히 보이게 촬영)

[접수처]
애터미㈜ 충청남도 공주시 백제문화로 2148-21(웅진동)
고객센터 : 1544-8580 / 문자접수 : 1644-5645 / 이메일 접수 : atomy@atomy.kr

제 4 장 | 애터미 보상 플랜

[보상플랜 동영상]

별도의 사업비가 필요없이
생활비=사업비인 애터미 사업은
소비가 누적되면 수당으로 보상받는다.
간결하고, 새롭고, 독창적인
보상플랜을 살펴본다.

01 회원등급 취득조건*

회원등급은 표처럼 5가지 등급(자격)을 취득할 수 있다. 등급이 올라갈수록 수당의 규모도 커진다.

'회원등급 조건'이란 회원 본인의 제품구입에 따른 '자기 매출 누적 포인트'를 말한다. 자기의 수준에 맞게 필요한 생필품을 소비하면서 서서히 올려가면 된다. 사업자는 자기 매출로 회원등급 자격요건을 갖출 필요가 있다. 이 경우 누적 포인트는 수당지급 후에 소멸되는 것이 아니고 '영원히 유지'된다.

여타 네트워크 회사처럼 소멸(Flush-out)되면 사업자들이 매번 등급을 유지하느라고 '유지비'가 들어가는 것을 방지하는 매우 훌륭한 시스템이다.

최초의 현금수당이 발생되는 나의 매출 30만PV(에이전트)부터 70만PV(특약점), 150만PV(대리점), 240만PV(총판)으로 충족되어야 한다. 그에 맞게 좌우측 소실적(하위 매출 포인트가 작은 쪽) 라인 누적 PV가 나의 매출 PV 이상으로 충족되어야 수당을 탈 수 있다. 더하여 최근에 보상 플랜을 회원에게 유리하게 개편하였다. 자기 회원등급에 필요한 하위 그룹의 소실적을 2배 이상 달성하면 한 등급 위쪽 회원 등급자격을 일시적으로 부여하여 수당을 인정 지급한다.(표 참조)

나의 매출 PV는 총판이 되는 누적 240만 PV까지가 최종 목표이며 직급이 높아져도 그 이상은 필요가 없다. 각 수준별 회원등급 달성 이후로는 다음 등급 전까지 나의 포인트를 위해 제품을 구매할 필요가 없다. 직급이나 수당에 도전하는 자기 하위 파트너들의 구매 포인트를 도와준다. 이는 타 네트워크 시스템이 대부분 포인트 상납 체계인데 비하여 애터미만의 특장점인 포인트 '하납' 체계라고 할 수 있다.

*애터미 홈페이지 http://www.atomy.kr

회원등급	누적 PV 조건 (임시 자격 요건 PV)
회원 (유치원 수준)	누적 1만~30만PV 미만
에이전트 (초졸 수준)	누적 30만PV 이상 또는 회원으로서 전월 하위 그룹 소실적 60만PV 이상 (에이전트 30PV=회원 60PV)
특약점 (중졸 수준)	누적 70만PV 이상 또는 에이전트로서 전월 하위 그룹 소실적 140만PV 이상 (특약점 70PV=에이전트 140PV)
대리점 (고졸 수준)	누적 150만PV 이상 또는 특약점으로서 전월 하위 그룹 소실적 300만PV 이상 (대리점 150PV=특약점 300PV)
총판 (대졸 수준)	누적 240만PV 이상 또는 대리점으로서 전월 하위 그룹 소실적 480만PV 이상 (총판 240PV=대리점 480PV)

02 후원수당

회원에게 지급되는 총 판매수당은 방문판매 등에 관한 법률에 따라서 총 매출(VAT 포함)의 35%(=총 매출PV 100%)를 넘지 않게 목표를 달성한 회원에게 분배된다.

수당 비율은 총 매출PV* 중에서 30%는 회사, 70%(후원수당 44%+직급수당 20%+교육수당 6%)는 회원에게 1/N(N가 수당)*로 정산하여 지급한다. 교육수당 6%는 각 센터 소속 회원 매출 PV를 기준으로 한다.

후원수당은 좌우라인의 하위 소실적 라인 매출에 따라 회원들에게 지급하는 급료이다. 그림처럼 회원과 에이전트는 소실적이 '누적'으로 수당 조건을 달성, 특약점-대리점-총판은 소실적이 '일일'에 달성하면 매주 수요일부터 다음 주 화요일까지 일일 마감 정산 후 일주간을 합산하여 그 다음 화요일에 지급한다.

회원등급 취득조건의 끝 단계는 240만 PV(총판)이고, 후원수당의 끝 단계는 5,000만 PV까지 이다. 5,000만 PV 정도의 꾸준한 수당이면 충분히 분수를 지키며 사는 '안분지족(安分知足)'의 균형 있는 삶을 누릴 수 있는 수준이다.

후원수당을 5,000만 PV까지 제한하는 이유는 하후상박(下厚上薄) 체계를 적용하여 상위 직급자에게 수당의 쏠림을 하위단계로 돌려서 부익부 빈익빈의 불평등을 방지하고 가능한 많은 회원에게 균형있게 분배하기 위함이다.

<u>시간차가 있을 뿐 애터미 회원은 모두 상한선으로 1번 가입자의 자격을 가지게 되며 나중에 모두 정상에서 만나게 된다.</u>

*PV(Point Value) : 판매점 수치로서 포인트라고도 하며 각 제품에 부여된 고유 점수 치로 자격 및 후원수당의 비율을 산정하는 기준 점수이다. 대략 제품 가격 수치의 10~50% 정도가 PV 수치로 책정된다. 그리고 이 수치의 약 1/3~1/4 정도가 보상 금액으로 환산된다.

*N가 : 목표를 달성한 회원들에게 공평하게 나누어 주는 수당으로 인원에 따라서 증감할 수 있다. 애터미 하위 직급의 N가 수당이 성공적이면서 거의 일정한 것은 소비자(납입자) 93%, 사업자(수급자) 7%의 구조로 소비자가 압도적으로 많고 포인트를 공유하기 때문이다.

03 직급수당

직급수당은 회사 총매출 PV20%를 직급에 따라서 다음처럼 차등 지급하며 매월 15일, 말일 마감 후 7일째 지급한다.

〈판매사=세일즈마스터〉는 1~15일/16~말일 좌우 라인 각각의 산하 판매누적이 250만 PV 이상인 특약점. 판매사는 소실적 라인 판매실적이 최소 30만PV 이상인 경우 본인 발생 PV 소실적 합산 가능. 회사 전체 매출 PV의 10%를 판매사에게 균등분배한다.

〈팀장=다이아몬드마스터〉는 세일즈마스터 이상을 좌우 라인 각각 2명 이상씩 육성한 대리점. 회사 전체 매출 PV의 5%를 다이아몬드마스터 이상에게 균등분배한다.

〈국장=샤론로즈마스터〉는 다이아몬드마스터 이상을 좌우 라인 각각 2명 이상씩 육성한 총판. 회사 전체 매출 PV의 2%를 샤론로즈마스터 이상에게 균등분배한다.

〈본부장=스타마스터〉는 샤론로즈마스터 이상을 좌우 라인 각각 2명 이상씩 육성한 총판. 회사 전체 매출 PV의 1.2%를 스타마스터 이상에게 균등분배한다.

〈총장=로열마스터〉는 스타마스터 이상을 좌우 라인 각각 2명 이상씩 육성한 총판. 회사 전체 매출 PV의 1%를 로열마스터 이상에게 균등분배한다.

〈단장=크라운마스터〉는 로열마스터 이상을 좌우 라인 각각 2명 이상씩 육성한 총판. 회사 전체 매출 PV의 0.5%를 크라운마스터 이상에게 균등분배한다.

〈사장단=임페리얼 마스터〉는 크라운마스터 이상을 좌우 라인 각각 2명 이상씩 육성한 총판. 회사 전체 매출 PV의 0.3%를 임페리얼 마스터에게 균등분배한다.

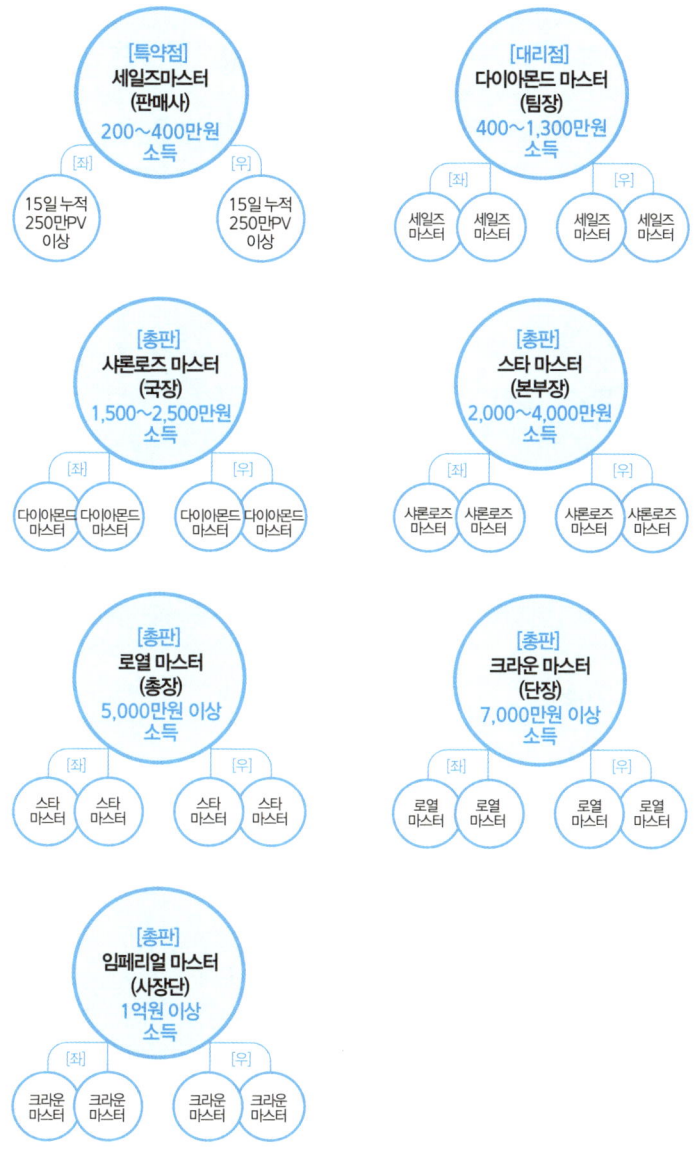

04 애터미 승급기준 및 축하 프로모션

승급조건으로 모든 직급은 연속유지 조건이 없고, 회원자격을 유지하는 경우 직급 유지 기한은 무제한이다. 또한 애터미는 사업자를 격려하기 위하여 승급축하 프로모션을 진행한다.

임페리얼 승급까지 상금은 200만+1천만+5천만+3억+10억=총 136,200만원이다. 10년만에 임페리얼까지 승급했다면 1달에 1천만원씩 적금 드는 것과 같다.

〈판매사, 다이아몬드 마스터, 샤론로즈 마스터〉
 승급기한의 제한이 없다. 다이아몬드 마스터부터 동시 2단계 승급이 불가능하다. 그러나 판매사에서 국장은 바로 승급이 가능하다.

〈스타 마스터, 로열 마스터, 크라운 마스터, 임페리얼 마스터*〉
본인의 전 직급을 3회 이상 유지한 4회째 이후부터 승급이 가능하다.

[프로모션 금액의 산정기준]
1. 상품은 구매원가로 한다.
2. 스타마스터 이하 해외여행 80만원 이상/1인당
    로열마스터 이상 해외여행 400만원 이상/1인당
3. 준대형 승용차 대여비용 월100만원
4. 크라운마스터 대형승용차 금액 6,400만원, 임페리얼마스터 대형승용차 금액 7,800만원
5. 50평 오피스텔 월세 250만원
6. 비서월급 150만원, 기사월급 200만원
7. 노트북 및 이에 준하는 전자기기 65만원 이상

***임페리얼 마스터**가 되면 '지게차로 만원짜리 현금 10억 원을 떠 주는' 재미있는 이벤트성 퍼포먼스 진행

직 급	승급 축하 프로모션
판매사	애터미 6종 1set, 헤모힘 1set, 이브닝케어 4종 1set
다이아몬드 마스터	노트북 및 이에 준하는 전자기기 1대 지급, 애터미 6종1set, 헤모힘 1set, 이브닝케어 4종 1set
샤론로즈 마스터	현금 200만원, 해외여행 3박4일 직계가족 여행권 (2매)
스타 마스터	현금 1,000만원, 해외여행 3박4일 직계가족 여행권 (4매)
로열 마스터	현금 5,000만원, 후원활동비 월 200만원 사용권한 부여, 준대형 승용차 대여비 제공, 해외여행 10박11일 직계가족 여행권 (4매)
크라운 마스터	현금 3억원, 후원활동비 월 500만원 사용권한 부여, 대형 승용차 지급, 해외여행 10박11일 직계가족 여행권 (4매)
임페리얼 마스터	현금 10억원, 후원활동비 월 1,000만원 사용권한 부여, 대형 승용차 지급, 50평 오피스텔 제공, 개인비서, 운전기사, 해외여행 10박11일 직계가족 여행권 (4매)

제❺장 | 왜 애터미를 해야하나

요즈음 경제난으로 먹고 살아야 하는 절박함에
빚을 내어 자영업에 많이 뛰어든다.
성공률이 5%이다.
이 범위에 들 자신이 없는 사람들은
차라리 절대 망하지 않는 애터미 사업을 하자.

01 우리의 10가지 꿈

우리는 능력이 부족한 보통사람이다. 그래도 100세 시대에 몇 십 년간 더 먹고 살아야 하는 고민과 지긋지긋한 평생노역에서 벗어나 돈 걱정없이 행복한 인생이고 싶어서 우리는 다음 꿈을 매일 꾼다.

① 행복의 목표를 위해 내 가게가 하나 있었으면 좋겠다. 90%의 자영업이 망한다는데 절대 망하지 않는 가게였으면 좋겠다. 4차 산업혁명 시대에 글로벌 가게이면 더욱 환상적이겠다.
② 어려운 경제 환경이니까 사업비는 가능한 적게 들거나 아예 안 들어가면 좋겠다. 어차피 써야 하는 생활비가 사업비라면 금상첨화겠다.
③ 사회적으로 경제 환경이 어려워도 꾸준히 팔리는 제품의 가게였으면 좋겠다.
④ 가게 제품이 친환경이고 최고품질과 최저가격이어서 경쟁력이 있으면 좋겠다.
⑤ 공부할 필요 없이 골치 아픈 회사설립, 물건 구매, 영업, 상품진열, 회계, 인력, 재고, 반품, 고객관리, 광고와 홍보, 다국어에 능통하여 글로벌 업무 등 누가 모두 대신해 주었으면 좋겠다.
⑥ 나는 자유롭게 여행 다니거나 아파도 누가 내 대신 가게를 봐주었으면 좋겠다. 대신 인건비는 최소 아니 아예 없이 공짜였으면 좋겠다.
⑦ 내 가게에서 내가 쓰는 물건을 사는 데도 나와 남에게 이익이 되면 좋겠다.
⑧ 내 가게의 분점이 무한하게 국내와 해외에서 늘어나 나의 소득이 폭증하면 좋겠다.
⑨ 내가 일하지 않고 자거나 놀거나 아파도 평생 나의 통장에 많은 돈이 입금되면 좋겠다.
⑩ 경제와 시간의 진정한 자유를 얻어서 여행 다니거나 어려운 사람들 도우면서 사는 행복한 삶이었으면 좋겠다.

이러한 모든 꿈이 실현될 수 있는 곳, 최첨단 글로벌 쇼핑몰 바로 '애터미'이다. 무료로 회원 가입하여 회사와 제품 홍보, 나와 같은 소비자 그룹만 키우면 된다. 진정한 무자본 무점포 사업이다. 애터미 사업을 안 하면 나만 손해인데 안 할 이유가 없다.

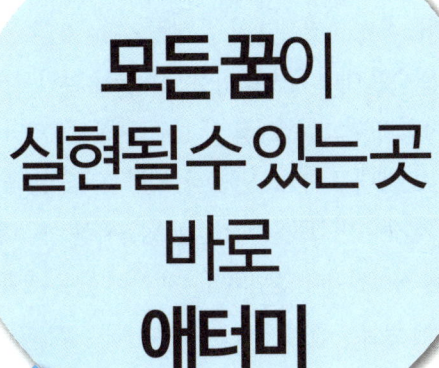

02 경제와 시간의 진정한 자유 찾기

〈풍경1〉 그녀는 요리가 천직인 맛 집 사장이다. 그녀의 30년 전통 음식점은 손님들로 바글거려서 일주일 내내 온종일 항상 번호표를 받아야 들어갈 수 있다. 소위 돈을 쓸어 담는다. 자식과 며느리에게도 안 알려준다는 요리의 비법을 혼자 간직하느라 60 평생 여행 한번 제대로 하지도 못했다. 월화수목금금금으로 산다. 경제의 자유는 찾았는데 시간의 자유가 실종되어 진정한 성공자는 아니다.

〈풍경2〉 그는 직장인이다. 정년퇴임까지 아이 둘을 교육 뒷바라지 하고 건강까지 희생하며 직장에 열심히 충성하며 살아왔다. 퇴임 후 조금이나마 생활에 도움이 될 것 같아 자영업을 하다가 소중한 퇴직금 전부를 날렸다. 누구보다 열심히 살아왔는데 남은 게 없다. 이제 시간의 자유는 넘치는데 경제의 자유가 실종이다.

〈풍경3〉 그녀는 전업 주부이다. 직장인 남편과 학생인 자식 뒷바라지에 20년을 꼼짝없이 집안 살림만 하고 살아왔다. 남편의 쥐꼬리 봉급으로 항상 살림이 빠듯하여 가까운 동남아 여행 한 번 못가 봤다. 항상 경제와 시간의 자유가 그리웠다.

그러다 우연히 친구에게 애터미 화장품을 전달받고 가격과 품질에 반했다. 생활비를 아끼기 위하여 마른 걸레도 쥐어짠다는 성격상 최저 가격·최고 품질의 애터미 제품 소비로 생활비가 절약되어 애용자가 되었다.

재미난 영화나 맛있는 음식 소문내듯 주변 지인들에게 애터미 제품을 열심히 소문내니 그들도 회원가입하고 애용자가 되었다. 다시 그들도 소문내어 회원 가입이 가지를 치고 소비자 그룹이 계속 커졌다.

그렇게 3년이 흐르자 잠을 자고 있거나 여행을 가도 300여만 원의 연금성 소득이 통장으로 매월 들어온다. 작년보다 월 100만 원이 늘었다. 매년 점점 늘어난다. 이제 머지 않아 완벽하게 경제와 시간의 자유를 얻을 것 같다.

[진정한 성공적인 삶]

**경제적인 자유
시간적인 자유**

[경제·시간의 자유 얻기]

**삶의 올바른
도구 선택**

03 절대 망하지 않는 애터미 사업

애터미는 가입비·유지비가 없어서 시작부터 손해나 위험이 없고, 애터미 사업은 무자본·무점포이므로 별도의 비용이 없고 생활비=사업비이기 때문에 매몰비용이 없다. 요즈음 자영업을 위해 창업하려면 적어도 평균 1억 8천만 원 정도 든다. 성공률이 5%로 리스크가 너무 크다. 그러나 망할 리스크가 전혀 없는 애터미는 회원 가입만으로 글로벌 온라인 유통회사를 무자본으로 10분 안에 창업할 수 있고 가입 즉시 '애터미 아이디=나의 가게'가 된다.

사업비는 어차피 들어가는 생활비를 '애터미 마트' 소비로 바꾸면 나와 남의 이익+사업비를 겸하는 일석이조가 된다. 즉 이타적인 경제 방식이며 윈-윈(Win-win)방식이다. 애터미 사업은 여타 할인 마트에서 나의 마트로 쇼핑습관을 바꾸고, 회사와 제품 홍보 활동+소비자 그룹 만들기가 전부이다. 대형 마트는 0.1% 포인트, 애터미 마트는 총매출의 35%를 회원들에게 되돌려준다. 350배 차이이다.

과거에는 부자와 아닌 자의 비율이 20:80이었다면 현재는 1:99로 더욱 심화되었다. 부자나 재벌은 소비자가 만들어 준 것이다. 소비자는 그들을 욕할 자격과 필요가 없다. 이제부터라도 우리 소비자들이 소비패턴을 바꾸면 이러한 고질적인 경제문제는 해결될 수 있다. 소비자(Earnsumer)들이 뭉쳐서 경제의 주도권을 쥐고 생산자-유통-소비자가 회원제 직접 판매를 통하여 이익을 공유하는 것이다.

이제 애터미는 할지 말지 고민보다 우리가 일반 마트 가듯이 그냥 '일상생활'이 될 것이다. 그리고 머지않아 애터미 사업을 하는 집과 안 하는 집으로 나누어질 것이다. 평범한 이웃들이 애터미 사업으로 억대 연봉으로 성공하고 있는 현실이다. 멀지 않은 장래에 애터미 사업을 안 한 집의 자식들이 "엄마·아빠는 남들 다 하는 애터미 안 하고 뭐 했어요?"라고 원망을 듣거나, 또한 애터미는 3대까지 상속되므로 손주들에게까지 조상 탓 하는 원망의 말을 들을지도 모른다. 나만의 소외감에서 탈출하자.

애터미 가입 =
글로벌 온라인 쇼핑몰 무료 창업

애터미 아이디 =
나의 가게

나의 애터미 소비 =
나와 남의 이익

[애터미 사업]
할인 마트에서 애터미 마트로 소비 전환 운동
생활비 = 사업비

04 맨손으로 500억 자산가 되기

공정거래 위원회의 공개 자료를 보면 애터미 회원 구성은 사업자가 7%, 소비자가 93%이다. 그러므로 애터미로 돈을 벌어본 적이 없는 10중 9명의 회원이 "애터미는 돈이 안 된다"라고 헛소문을 퍼뜨린다. 애터미 사업은 돈이 될까? 된다!
공정거래위원회 자료를 보면 2009년 200억 매출이 2019년 1조5천억 매출로 약 75배(연 평균 14%) 성장, 2009년 평균 연봉 3,500만원 120명이 2019년 평균 연봉 6,000만원 3,500명으로 29배 성장, 1조 매출도 안 된 회사에서 2009년 연봉 1억 이상 30명이 2019년 745명으로 25배 성장했다. 2019년 1조5천억 매출에서는 누구든 회원에게 주기로 한 35%인 약 5,250억을 분배한 것이다. 그러므로 당연히 돈 버는 정보는 애터미로 돈을 벌어본 성공자들에게 들어야 하는 것이다.

애터미 소득은 일거양득이다. 타 마트에서 구입할 제품을 더 싸고 좋은 나의 애터미 마트(회원 가입)에서 구입하면 '절약 소득=개인 소득=내부 소득=즉시 소득'이 발생한다. 좋은 품질로 얻는 건강과 즐거움은 덤이다.
어차피 드는 생활비로 꾸준히 소비하다보면 포인트가 쌓이고 나중에 '수당 소득=시스템 소득=사업 소득=외부 소득=지연 소득'의 장기적으로 목돈을 벌게 된다. 애터미 사업은 '포기만 하지 않으면* 맨손으로부터 매월 5천만 원 이상 시스템 소득(500억 이상 은행금리)의 자산가가 되어 가문을 바꿀 정도의 큰 소득을 올리게 된다.
연금 자격 20년 공무원에 비하여 애터미의 3~5년으로 시스템 소득까지 시간이 4~7배 정도 단축된다. 이제 우리의 생활에서 애터미는 미래 보장의 필수사항이다.

*그릿(Grit) : 펜실베이니아대학교의 심리학과 교수 앤절라 더크워스가 밝혀낸 어떤 영역에서든지 뛰어난 성취를 이루는 가장 큰 요인은 지능, 성격, 경제적 수준, 외모도 아닌 '불굴의 의지, 투지, 집념' 등 '열정이 있는 끈기, 즉 실패에 좌절하지 않고 자신이 성취하고자 하는 목표를 향해 꾸준히 정진할 수 있는 능력'이다.

[애터미의 2가지 소득]

[즉시 소득]
**절약 소득=
개인 소득=
내부 소득**

[지연 소득]
**수당 소득=
시스템 소득=
사업 소득=
외부 소득**

05 애터미와 대형 마트 리펀드 비교

7만원 리펀드의 경우를 기준으로 애터미 마트와 대형 마트를 비교해보자. 대개 사람들은 절약되려니 생각하고 '김유신의 말'처럼 습관적으로 대형 마트를 이용한다. 이러한 생활 태도는 정보에 어두운 원인도 있지만 스스로 이익을 낭비하는 습관이다.

예를 들어, 마트에서 매월 10만원씩 소비하는 가정의 생활비를 기준으로 애터미 마트와 대형 마트를 비교해보자. '대형 마트' 소비로 7만원의 소득을 올리려면 매월 10만원 씩, 58년간, 총 7,000만 원을 소비하여 0.1%씩 7만 포인트 적립이 필요하다.

한편, 어차피 사야 할 생필품을 '애터미 마트'에서 소비하다 보면 7만원 정도의 수당을 받게 된다. 예를 들어, 초기에는 나를 기준으로 좌우에 한 명씩 총 3명이 매월 10만원 씩 10개월 동안 각각 100만원씩, 합계 300만원을 소비하면 모두 30만 포인트가 적립된다. 이 경우에 대형 마트 소비 금액 7,000만원에 비하여 애터미 마트는 소비 금액이 1/23배, 소요 기간은 1/70배나 절감된다.

그리고 나의 포인트가 충족된 다음부터 나는 소비할 필요가 없다. 해서 이후 나의 아래 좌우 2명이 매월 10만원 씩 10개월 동안 각각 100만원씩, 합계 200만원을 소비하여 좌우 각각 30만 포인트를 적립하면 된다. 이 경우에 대형 마트에 비하여 애터미 마트가 소비 금액이 1/35배, 소요 기간은 1/70배나 절감된다.

이후 소실적 라인만 100만원을 소비하여 30만 포인트를 적립한다. 대형 마트에 비하여 애터미 마트가 소비 금액이 1/70배, 소요 기간은 1/70배 이상 절감된다.

이러한 원리로 나의 아래쪽에 회원과 소비가 늘어날수록 1/N 원리로 노력·시간·비용이 절감되고 소득은 기하급수로 늘어난다. 나중에 나의 노력·비용이 100%까지 절감되어 진정한 개인 플랫폼이 완성된다. 그러므로 소비자 경쟁력은 타 마트(내국인):애터미 마트(글로벌)=5천만:70억이 되고 애터미 마트의 소득 경쟁력은 무한대이다. 이것은 주장이 아니며 근거 있는 팩트이고 수학이다.

[대형마트]

- 포인트 적립 : 0.1%
- 월 소비 : 10만원
- 소비 기간 : 58년
- 총 소비 금액 : 7천만원
- 포인트 적립 : 7만PT
- 수입 소득 : 7만원

[애터미마트]
총매출의 35% 포인트 적립

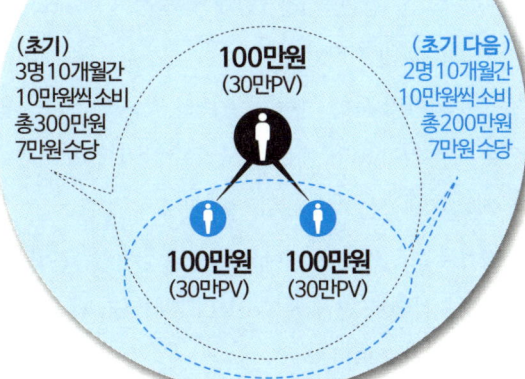

(초기)
3명 10개월간
10만원씩 소비
총 300만원
7만원 수당

(초기 다음)
2명 10개월간
10만원씩 소비
총 200만원
7만원 수당

애터미 마트와 대형 마트 비교

(소요 금액:만원)
7000/300=23배
7000/200=35배
–
애터미 회원 증가로 점점 배수 격차

(소요 시간)
696/10개월=70배
–
애터미 회원 증가로 점점 배수 격차

06 애터미 시스템 소득과 국민 연금

사람 100명과 과일 100개가 있다고 하자. 7명은 먹겠다고 하고 93명은 안 먹겠다고 한다. 그러므로 7명은 과일을 아주 많이 차지할 수 있다. 93명은 앞으로도 계속 과일을 가져다주면서 자기는 안 먹겠다고 양보한다. 바로 애터미가 그러하다.

현재 공정거래위원회 자료에 의하면 애터미 회원의 약 93% 소비자(납입자)와 약 7% 사업자(수급자)의 구조를 가지고 있다. 연금으로 대응해보면 93%가 계속 납입(소비)은 하는데 수급(사업 소득)은 안한다. "연금을 타 가라 타 가라" 해도 굳~이 마다한다. 이러한 연금제도가 세상 어디에 있을까? 게다가 애터미는 글로벌 사업이므로 70억명의 납입자가 수급자를 완벽하게 뒷받침하는 환상의 삼각형 구조이다.

일종의 심리 사업인 애터미의 93:7은 황금비율이며 사업의 포인트이다. 그러므로 현명하고 영리한 사람은 돈벌이가 안 된다는 소극적이고 부정적인 93% 쪽보다 성공자가 될 수 있는 7%의 가능성을 선택한다. 사업자 7%의 구조는 경쟁이 거의 없다는 의미이므로 애터미 사업자에게 안전하고 확실한 성공 찬스의 블루오션이 되는 것이다. 애터미에서 연봉 10억원 정도의 최고 성공자가 1년에 칫솔 하나만 사도 매달 5천만원을 주는 애터미 시스템 소득은 거의 기적이다.

애터미 회원들은 여타 마트에서 어차피 사야 하는 생필품을 싸고 좋은 제품의 애터미 마트에서 사면 소비만으로도 이익이 되기 때문에 사업 수당이 없어도 만족한다. 많은 경우 회원을 탈퇴해도 애터미 제품은 계속해서 사용한다.

반대로 국민연금은 과일을 먹겠다는 인원은 늘어나고 과일 공급자가 줄어드는 구조이다. 국민 연금은 장차 생산인구 감소로 연금 납부자보다 수급자가 더 많은 역피라미드 형태로 파산 위험의 구조를 가지고 있다.

글로벌
70억명
정삼각형 구조

[애터미 소득]

소비자(납입자): 93%
시스템 소득의 안정화에 기여

사업자(수급자): 7%
성공 찬스 극대화에 기여

[국민연금]

고령화 생산인구 급감
납부자 < 수급자 구조
불안정

내국인
5천만명
역삼각형 구조

07 노동 소득과 시스템 소득

소득은 크게 노동 소득과 시스템 소득으로 나눌 수 있다.

'노동 소득'이란 사람이 육체적 노력이나 정신적 노력을 투자해서 얻어지는 생활에 필요한 재화(돈이나 물품)를 말한다. 장점은 투자하면 빠르게 소득이 발생한다. 단점은 사람의 시간과 삶 즉 생명을 투자해야 얻어지게 되므로 죽거나 병들어 자기의 몸을 투자하지 못하면 바로 수입이 끊긴다.

'연금성 소득'이란 연금, 보험, 임대, 이자, 인세 소득 등으로 수혜자가 주기적·지속적으로 받는 돈을 말한다. 연금은 처음부터 돈을 받지 못한다. 일반적으로 10년 이후에 받는다. 예를 들어, 국민연금은 10~20년 이상 자기 능력에 맞추어 연금을 부어야 이후에 그다지 넉넉치 않은 액수를 평생 받게 된다. 자기 돈을 내고 자기가 받는 것이다. 공무원 퇴직 연금은 20년 이상 직장에 자기의 삶을 투자해야 200여만 원 정도를 평생 받게 된다. 국민 연금이나 퇴직 연금은 수혜자 당사자가 사망하면 가족이 받는 연금액이 대폭 줄어든다.

일반적으로 사람들에게 익숙한 소득 개념은 노동 소득이다. 돈을 벌려면 반드시 몸과 시간을 투자해야 한다는 고정관념이 강하다. 또한 일하면 바로 대가를 받는 것에 익숙한 사람들은 애터미 사업을 노동이라 생각하고 "애터미는 돈이 안 된다"라는 말을 종종 한다.

그러나 애터미는 노동이 아니고 '시스템 소득 사업'이다. 당연히 처음부터 돈이 들어오지 않는다. 일정한 시간이 필요하다. 대략 1만 시간, 즉 3~5년 정도이다. 국민 연금이나 퇴직 연금에 비하면 엄청 짧다. 또한 별도의 부금 없이 생활비가 부금이다. 애터미에서는 자기만이 아니고 자식과 손자까지 상속되는 최대 연 10억 정도의 지속적인 시스템 소득의 혜택을 받는다.

구분	노동 소득	연금성 소득 (연금·보험)	애터미 시스템 소득
투자	육체 정신 근로	부금	소비 홍보
필요 능력	우수	보통	없음
소득 발생 소요 시간	짧다	10~20년	3~5년
소득 수준	능력만큼	부금만큼	월 5천만 ~1억
상속	안 됨	2대 까지	3대 까지
사후	끊김	대폭 삭감	수준 유지
시간 자유	없음	있음	있음
경제 자유	힘듦	빠듯	있음
삶의 균형	힘듦	빠듯	완벽한 균형

08 진징한 무자본·무점포 사업

통계에 의하면 자영업은 실패율이 85%이고, 성공률 5%와 유지율 10%를 합하여 생존률은 대략 15% 정도이다. 경제가 좋지 않은 상황에서 자영업을 한다는 것은 매우 위험한 모험이다. 실패하면 가정 경제의 파산과 극빈을 피할 수 없다.

자영업 창업의 평균 비용은 도표와 같다. 빠듯한 가정 경제에 자영업을 하면 회수가 불가능한 매몰비용의 리스크가 크고 성공 가능성이 불확실하다. 자영업의 실패를 줄이려면 동종 업계 성공과 실패 사례를 적어도 10군데 정도씩 철저히 연구한 다음 시작해야 한다.

자신 없다면 차라리 자영업에 드는 사업비를 생활비로 쓰면서 애터미 회원으로 무료 쇼핑몰인 내 가게의 운영을 추천한다. 애터미 사업은 본사에서 내 대신 거대 자금을 들여서 쇼핑몰 구축, 모든 연구·생산·판매·관리·세금·행정·글로벌 업무 등을 부담한다. 턴키 베이스* 지원이다. 회원 가입만으로 즉시 무자본 사업자가 된다. 자영업처럼 스스로 회사의 모든 것을 관리 하는 등 복잡하고 머리 아플 일이 전혀 없다.

애터미 사업자는 제품 소비와 홍보, 소비자 그룹 구축 활동만 하면 된다. 초기에 작게 보여도 거대 인터넷 쇼핑몰을 운영하는 글로벌 사업이며 나중에는 수백억 자산가가 되는 빅 비즈니스이다. 리스크가 없고 삶의 희망을 주는 성공도구인 애터미는 어차피 들어가는 생활비가 사업비이므로 진정한 무자본 사업이다.

이미 사업을 하고 있다면 애터미 사업 판단 방법은 다음과 같다. 본인이 하는 사업의 과거-현재-미래가 흑자라면 주 직업을 A플랜, 애터미를 B플랜 부업으로, 적자라면 주 직업 A플랜을 빨리 정리하고 전업으로 애터미 사업하기를 권장한다.

*턴키베이스방식(Turn-key Method) : 키(열쇠)만 돌리면 설비나 공장을 곧바로 작동시킬 수 있는 상태로 인도한다는 뜻

세부항목	자영업	애터미 사업
창업비	1.8억	없음
임대료	300만	없음
재료비	100만	없음
인건비	240만	없음
대출금	1.2억	없음
각종 세금 공과금	부가세, 소득세 각종 세금과 보험료	약간의 소득세, 주민세
관련 기관	각종 인허가 및 감독기관	없음
스펙 필요	관련 분야 어느 정도	없음
나의 투자	유형+무형 많은 것들	용기+열정+끈기 입+시간 등 무형
기존 사업 흑자	유지(A플랜)	부업(B플랜)
기존 사업 적자	폐업	전업
매몰비용 리스크	매우 큼	없음
성공 가능성	불확실	확실

09 애터미는 성공의 도구이다

많은 애터미 성공자들은 과거에 각종 영업, 자영업, 여타 네트워크 사업 등 안 해본 일이 없을 정도지만 결국 실패하여 폭삭 망하고 낙담하던 차에 기적처럼 애터미를 만나 성공했다. 이처럼 같은 사람인데도 실패하기도 하고 성공하기도 하는 것은 사업도구에 차이가 있는 것이다. 그러므로 네트워크 회사를 선택할 때에 불법은 배제하고, 합법 여부만 믿지 말며, 시스템을 꼼꼼하게 비교하여 성공도구를 잘 선택한다.

[**우량 시스템**] 진입비–유지비–추천수당이 없다. 그리고 '생필품' 위주로 1천 원짜리 제품을 9백 원에 파는 식이다. 박리다매이지만 비용절감으로 건전한 이익이 발생되므로 소득분배용 경제 가치가 생산된다. 그러므로 매출액의 35%를 회원들에게 1/N로 분배할 수 있게 된다. 사업자보다 소비자가 많은 '다(多)소비자 소(少)사업자'의 구조이다. 처음에는 돈이 안 되거나 늦게 벌리는 듯하지만 대기만성(大器晩成) 형으로 이 원리를 아는 지혜로운 사업자는 성공한다. 결국 샘물이 나오는 우물이자 도구이다. 이러한 성공의 도구가 바로 애터미이다.

[**불량 시스템**] 진입비–유지비–추천수당이 있다. 예를 들어 '선택형 제품' 위주로 1만 원짜리 제품을 10만원에 바가지를 씌워 회원이 부담한 9만원을 이익이라 하여 분배하는 식이다. 회원들이 자기 돈 가지고 잔치 하는 것이다. 소득분배용 건전한 이익 창출이 없어서 경제 가치의 생산이 없다. 선가입자 이익, 후가입자 피해 방식이다. '소(少)소비자 다(多)사업자'의 구조이다. 처음에는 돈을 빨리 버는 듯한 최면에 걸려서 사업자들이 많이 몰려든다. 소비자가 적어 매출은 사업자들의 가입비와 유지비로 충당되므로 사업자들은 결국 갈수록 빚만 지고 망할 확률이 높다. 조숙조로(早熟早老) 형이다. 아무리 한 우물을 파도 물이 안 나오는 도구이다.

세부항목	불량 시스템	우량 시스템 애터미
진입비	O	X
유지비	O	X
추천수당	O	X
수당 상한선	X	O
1등	1명	모두
구매경향	수동적 일회성	능동적 재구매
상품가격·특성	고가·선택형 (1천원→1만원)	저가·생필품 (1천원→9백원)
소득분배용 재원	회원부담폭리	절약, 박리다매
경제가치 생산	없음	있음
회원 혜택	성공기회 제공	즉시·수당 소득
회원 형평	부익부 빈익빈	균형
성공 가능성	불확실	확실
회사 목표	이익창출	고객 성공
주 회원구조	사업집단	소비집단
경제 철학	이기적	이타적

10 경쟁 분야와의 마케팅 차이점

애터미의 경쟁분야는 애초부터 네트워크 회사가 아니고 백화점, 할인 마트, TV 홈쇼핑, 온라인 인터넷 마트였다. 비교해보면 애터미의 경쟁력이 월등한 것을 알 수 있다. 애터미는 회원 가입이 필수이다. 소비자에게 총매출의 35% 캐시백(리펀드) 때문에 근거가 필요하기 때문이다. 일반 대형마트와 인터넷 쇼핑몰은 있는 듯 없는 듯 리펀드가 아주 미미하므로 비 필수(선택)이다.

특히 소비자 캐시백 크기 여부로 소비자 특성이 달라진다. 애터미는 캐시백, 성공기회 부여, 고품질·저가격에 의한 비용·절약 때문에 소비자의 충성도가 높고 고정적인 가두리 방식*을 전략적으로 적용하고 있다.

일반 대형마트와 인터넷 쇼핑몰은 캐시백이 미미하고 같은 제품 다른 가격이므로 검색하여 저렴한 업체로 수시 이동한다. 그래서 고객 충성도를 기준으로 한다면 애터미는 아마존, 알리바바에 대해서도 경쟁력이 있다고 보는 것이다.

마케팅 전략은 애터미가 친환경을 고려한 절대품질·절대가격의 대중명품으로 높은 가성비의 경쟁력을 가지고 있다면, 일반 대형마트와 인터넷 쇼핑몰은 시중 제품을 박리다매로 이익을 내야 하는 '가격'에 주로 초점이 맞추어져 있다.

경제방식은 애터미가 생산자-판매자-소비자 모두 함께 잘 살자는 동반성장 경제라면, 경쟁 분야는 판매자가 이익을 독점하는 독점적 자본경제이다.

일반 대형마트와 인터넷 쇼핑몰은 이익추구가 최고의 목표이며, 약간 뒤떨어진 6~7세대 경제방식 '고객 만족, 고객 감동'을 외치고 있다. 그러나 언슈머 경제의 애터미는 원칙중심과 정선상략*으로 8세대 경제방식 '고객성공'을 최고의 목표로 한다.

*정선상략(正善上略): 정직과 선함이 최고의 전략
*가두리방식 : MBS(Magnetic Board System)

세부항목	백화점, 할인 마트 TV 홈쇼핑 인터넷 쇼핑몰	애터미 쇼핑몰
회원가입	비필수	필수
소비자 캐시백	미미함 (0.1% 정도)	총매출의 35% (약 350배)
소비자 특성	충성도가 낮다 빈번한 이동	충성도가 높다 고정적이다
마케팅 전략	박리다매	절대 품질 절대 가격 대중명품
경제 방식	독점적 자본경제 (비가역적)	협력적 공유경제 (가역적)
경영 철학	이익 추구 고객 만족·감동	정선상략 원칙중심 고객 성공
경제 방식	7세대 방식	8세대 방식

11 셈·적금보다 쉬운 애터미 1억 벌기

현금 1억 원을 애터미에서 벌기, 1원씩 세기, 5~10년 적금 들기 중에서 어느 쪽이 쉽고 빠를까? 돈을 셀 때 잠도 안자고 24시간 동안 세면 86,400원을 셀 수 있다. 잠은 자야 하므로 정상적으로 1억원을 세는데 적어도 10년 이상 걸린다.

그리고 1억 원 10년 적금을 들면 매월 80여만 원씩, 5년 적금은 매월 160여만 원씩 현금을 부어야 한다. 돈 없는 사람은 언감생심이다. 반면 애터미 사업을 제대로 하면 1억 원을 버는데 현금 부금은 없고 기회비용 대가지불로 약 5~7년 정도 걸린다.

낮은 산의 등산이나 작은 돈 벌이면 준비가 필요 없지만, 애터미 사업은 빅 비즈니스이므로 성공하려면 거대한 히말라야 등산과 같이 철저히 준비하고 긴 시간을 투자해야 한다. 그러므로 애터미에서 성공하려면 '1만 시간 법칙'*이 적용된다. 약 10년 동안이면 매일 3시간씩 투자, 약 5년 동안이면 매일 6시간씩 투자, 약 3년 동안이면 매일 10시간씩 투자라는 대가지불을 해야 한다.

애터미 사업의 성공자는 '시간의 지배자'이다. 마라톤처럼 '천천히 그리고 꾸준히(Slow & Steady)'해야 한다. 그러므로 네트워크에서 투자해야 하는 것은 돈이 아니라 '시간과 꾸준함'이다. 즉 '존버 정신'*이 필요하다. 아쉽지만 통계적으로 시간을 지배하는 사람은 평균 5~7% 정도밖에 안 된다. 아무튼 네트워크 사업에서 돈을 빨리 번다고 누군가 유혹하면 사기일 확률이 높다.

*1만 시간 법칙 : 미국 플로리다 주립 대 심리학 교수 앤더스 에릭손(K. Anders Ericsson) 교수
*존버 정신 : 요즘 힘들게 살아가고 있는 젊은이들에게 해 주고 싶은 말을 혜민스님이 이외수 작가에게 물었더니 "존나게 버티는 정신이 필요하다"고 함.

[애터미 성공에 소요되는 평균 시간]

수당/월(만원)	부업 3시간	반 전업 6시간	전업 10시간
20	1년	1년	1년
40	2년		
80	3년	2년	
160	4년		
320	5년	3년	2년
640	6년		
1,280	7년	4년	3년
2,560	8년		
5,120	9년	5년	

12 기하급수로 성공한다

네트워크 시스템은 '기하급수 원리'로 작동한다. 예를 들어 보자.

인건비를 짜게 주는 구두쇠 사업주에게 한 청년이 제안하기를 1개월(30일) 동안 직원으로 일을 하면 첫째 날은 1원, 둘째 날은 2원, 셋째 날은 4원식으로 전날의 2배씩 일급을 달라고 했다. 짠돌이 사장은 1, 2, 4원…15일 15회까지 계산해 봐도 3만 원정도 밖에 안 되므로 "이거 완전 공짜네"라고 쾌재를 부르면서 계약을 하였다.

과연 공짜일까? 짠돌이 사장이 심쿵하는 '임계점' 또는 '티핑 포인트'의 시작은 104만원이 되는 20일경부터이다. 이후 열흘이 지나 30일이 되면 10억원이 넘는 엄청난 일급을 주어야 한다.

애터미에서 완벽하게 성공하려면 '기하급수 원리'를 잘 이해하고 '티핑 포인트' 시점인 '오토판매사' 직급까지 기다려야 한다. 성공에 필요한 1만 시간 중에서 보상이 매우 미미한 3분의 2인 6~7천 시간을 인내하면, 나머지 3분의 1인 3~4천 시간 동안에 엄청나게 많은 보상이 급격하게 주어진다. 이 수치는 과학이고 수학이다.

또한 애터미에서 꾸준히 사업을 하면 화살표 그림 안의 곡선처럼 성공까지 오르락내리락 일희일비할 일이 생기지만 결국 상승하고 성공하게 된다. 이러한 원리에는 성공(작용)하는데 그만큼 인내의 시간과 노력(반작용)이 필요한 '작용 반작용의 법칙'이 작동하는 것이다.

- **티핑포인트**(Tipping Point) : 어떤 상품이나 아이디어가 마치 전염되는 것처럼 폭발적으로 번지는 순간
- **임계점**(Critical Point) : 액체와 기체의 경계가 되는 온도와 압력으로 끓기 직전의 상태
- **작용 반작용의 법칙** : 뉴턴의 운동법칙 중 제3법칙으로 물체 A가 물체B에 주는 작용과 물체 B가 물체 A에 주는 반작용은 크기가 같고 방향이 반대이다.

[기하급수의 원리]

2^{30}=1,073,741,824(10억7,374만1,824원)
2^{29}=536,870,912(5억3,421만912원)
2^{28}=268,435,456(2억6,843만5,456원)
2^{27}=134,217,728(1억3,421만7,728원)
2^{26}=67,108,864(6천710만8,864원)

2^{25}=33,554,432(3천355만4,432원)
2^{24}=16,777,216(1천677만7,216원)
2^{23}=8,388,608(838만8,608원)
2^{22}=4,194,304(419만4,304원)
2^{21}=2,097,152(209만7,152원)

$\frac{1}{3}$

2^{20}=1,048,576(104만8,576원) ◀임계점 티핑포인트 오토판매사

$\frac{2}{3}$

2^{19}=524,288(52만4,288원)
2^{18}=262,144(26만2,144원)
2^{17}=131,072(13만1,072원)
2^{16}=65,536(6만5,536원)

2^{15}=32,768(3만2,768원)
2^{14}=16,384(1만6,384원)
2^{13}=8,192원
2^{12}=4,096원
2^{11}=2,048원

2^{10}=1,024원
2^{9}=512원
2^{8}=256원
2^{7}=128원
2^{6}=64원

2^{5}=32원
2^{4}=16원
2^{3}=8원
2^{2}=4원
2^{1}=2원

2^{0}=1원

임계점 티핑포인트 오토판매사

13 애터미는 모소 대나무를 닮았다

모소 대나무(Moso Bamboo)는 중국의 극동지방에서만 자라는 희귀종이다. 그 지방의 농부들은 여기저기 씨앗을 뿌려 놓고 매일같이 정성 들여 키운다. 씨앗에서 싹이 움트고 농부들은 온 정성을 다하지만 대나무는 4년이 지나도록 불과 3㎝밖에 자라지 않는다. 타 지역 사람들은 이 모습을 도무지 이해하지 못한다.

하지만 이 대나무는 5년째 되는 날부터 하루에 무려 30㎝가 넘게 쑥쑥 자라기 시작한다. 그렇게 6주 만에 15m 이상 자라고, 그 자리는 빽빽하고 울창한 대나무 숲으로 변모한다. 그야말로 비약적인 성장(Quantum Jump)을 한다. 4년 동안 모소 대나무는 쉬지 않고 땅속에서 폭넓고 깊게 뿌리를 내리고 있었던 것이다.

애터미 사업은 석공의 사례와도 닮았다. 갈라질 징조가 보이지 않더라도 석공은 똑같은 자리를 백 번 정도 두드린다. 백한 번째 망치로 내리치면 돌은 갑자기 두 조각으로 갈라진다. 이는 한 번의 망치질 때문이 아니라 바로 그 마지막 한 번이 있기 전까지 내리쳤던 백 번의 망치질 덕분이다.*

100번째의 망치질은 물 온도 99도의 상태이고, 101번째는 1도가 추가되어 물이 끓는 임계점인 100도의 상태와 같다.

그러므로 사람들 대부분(약 93%)은 안개같은 긴 시간이 부담스러워 애터미 사업을 망설이거나 확신을 못하고 작은 성공의 짧은 시간에 만족한다. 그러나 소수(약 7%)의 지혜로운 애터미 사업자는 큰 성공을 위해 모소 대나무, 100번의 망치질, 99도의 물처럼 애터미 사업의 긴 여정을 선택하고 묵묵히 간다.

*벤저민 프랭클린

모소 대나무는
4년 동안 3cm 자란다.
5년째부터
하루에 30cm 자라고
6주 만에 15m 이상 자란다.
4년 동안 땅 속에서
폭넓고 깊게
뿌리를
내린다.

14 애터미의 장점 포인트 내려주기

애터미만의 매력과 혜택은 자기 매출의 영구 유지, 무한단계·무한누적으로 포인트(PV)·회원의 공유, 포인트 내려주기가 가능한 시스템이라는 것이다.

애터미는 기간과 상관없이 회원이 수당을 탈 때까지 포인트가 누적되고 유지된다. 또한 포인트와 함께 회원도 무한단계로 누적되고 공유된다. 회원은 애터미의 공유 시스템으로 여유가 생기므로 자기 이익만을 챙길 필요가 없다.

애터미 사업자는 회원등급별로 필요한 자기 매출 포인트 충족 후에는 자기 매출이 영구 유지되므로 나의 아이디로 제품을 구매할 필요가 없다. 자기 소비자 그룹에 맞추어 자기 매출 포인트 충족시켜 회원등급을 점차 올리면서 하위 파트너에게 포인트 내려주기를 한다.

타사에는 없는 애터미의 자기 매출 영구 유지 규정으로 가능해진 '포인트 내려주기'는 절대 장점이다. 해서 아래쪽 파트너의 아이디로 제품을 구매하면 파트너 포인트 누적에 도움을 주고, 동시에 나에게도 하위 매출 포인트로 공유되어 수당화된다. 알뜰살뜰한 일석이조의 포인트 전략이다. 하위 파트너를 성공시키면 자동적으로 자기도 혜택을 받고 성공하는 착한 시스템이다. 애터미만의 '포인트 내려주기와 무한 공유'의 지혜로운 활용이 애터미 사업 성공의 비결이다.

그러나 대부분의 타사는 매월 자기 매출이 소거(Flush-out)되므로 월 유지비로 자기 매출을 유지하는 데도 허덕인다. 그러므로 상위 스폰서는 자기 코가 석자가 되어 하위 파트너를 돌볼 여력이 없게 된다. 이 경우에 포인트 내려주기가 어려워 주로 포인트 상납으로만 작동함으로써 하위 파트너의 희생이 상위 스폰서의 성공 밑거름이 되는 일방적인 상위 이익, 하위 손해의 구조이다.

[애터미의 성공]

**하위 파트너의 성공이
나의 성공**

(하위 이익, 상위 이익)

[타 업체의 성공]

**하위 파트너의 희생이
나의 성공**

(하위 손해, 상위 이익)

15 애터미 사업은 꺼릴 것이 없다

조만간 애터미는 '착하다', '정의롭다'로 인정 받을 것이다. 그러나 아직 나쁜 다단계 피해 관련 뉴스와 소문으로 인한 낙인효과(누명)로 애터미 회원들이 사업을 할 때 망설이고 소극적이 된다.

그러나 애터미는 다음처럼 모든 사람들에게 부담없이 도움이 되는 '경제 구제책'이므로 측은지심과 사명감을 가지고 그냥 당당하게 말하면 된다.

① 애터미는 원칙 중심과 고객의 성공을 목표로 하는 바르고 착한 기업이다.
② 애터미는 글로벌 유통회사이다. 단계는 회원의 리펀드 수급 질서 장치이다.
③ 가입비·유지비가 없어서 매몰비용 리스크가 없고 회원들의 피해가 없다.
④ 가입만으로 무자본·무점포의 거대 글로벌 유통 쇼핑몰을 가질 수 있다.
⑤ 별도의 비용이 필요 없다. 어차피 써야 하는 생필품 구입 생활비=사업비이다.
⑥ 제품을 팔 필요가 없다. 제품 홍보만 하면 된다.
⑦ 회원가입을 통하여 나의 소비자 그룹만 만들면 된다.
⑧ 회원들의 유통 습관과 마트만 바꾸게 하면 된다.
⑨ 고품질·저가격이므로 제품 구매는 회원의 만족과 절약 소득이 된다.
⑩ 부업으로 병행할 수 있다.
⑪ 수많은 서민들이 애터미에서 경제적인 성공으로 삶을 회복하였다.

누구나 가지고 싶어하는 고급 브랜드의 제품을 소유 못한 사람은 상대적 박탈감을 느낀다. 고급 브랜드는 기업에 결정권이 있는 것이다. 애터미는 소비자에게 실질적으로 이익이 되므로 애터미 활용을 안 하는 사람이 손해다. 해서 소비자에 대하여 애터미가 결정권을 가지고 있는 것이다. 그러므로 애터미 사업자는 '을'의 마인드를 버리고 '갑'의 마인드로 당당하게 사업을 하면 된다.

애터미는
모든 사람들에게
부담없이 도움 되는
'경제 구제책'이다.

측은지심과
사명감을 가지고
그냥 당당하게
말하면 된다.

16 능력 없는 사람도 성공할 수 있다

애터미 사업은 능력이 없어도 걱정할 필요가 없다. 애터미의 성공자 대다수가 아래와 같은 사람들이다.

[난, 팔 줄 모른다]
좋은 영화나 맛있는 음식을 주위에 추천하듯이, 애터미 제품은 대중명품으로 사용해 본 사람들의 입소문으로 '좋고 싸서' 스스로 팔리는 제품이다.

[난, 나이가 많다]
남녀노소 미추(美醜)에 상관 없다. 진입 조건과 장벽이 없다. 80세 할머니도 성공했다.

[난, 아는 사람이 없다]
나를 알고 가족을 알고 친구를 안다. 조 지라드의 법칙처럼 경조사에 참석할 사람이 적어도 250명 정도는 있다. 그리고 미국 사회학자 스탠리 밀그램(Stanley Milgram)의 '작은 세상 효과(Small-world Effect)' 실험 연구처럼 세상은 의외로 좁다. 전혀 모르는 사람도 6단계만 거치면 서로 밀접한 관련이 있다.

[난, 자신이 없다]
그냥 하면 된다. 누구나 한 가지 능력은 있다. 애터미는 제심합력으로 하는 사업이므로 언젠가는 나의 하위 파트너 중에서 능력자가 나올 수 있다.

[난, 말주변이 없다]
애터미는 무한공유이므로 언젠가는 나의 하위 파트너 중에서 수다쟁이가 나올 수 있다. 그리고 설득은 말로 하는 것이 아니다. 인성, 태도, 복장, 음성 등 비언어적인 것이 93%를 차지한다. 상대방의 말을 잘 들어주면 된다. 귀로 말하라. 그리고 고민하지 말고 그냥 아무렇게나 말하라. 많은 성공자들의 비법이다.

[능력없는 사람도 성공한다]

난, 팔 줄 모른다.
입소문으로 팔리는 제품이다.

난, 나이가 많다.
남녀노소 미추 진입장벽이 없다.

난, 아는 사람이 없다.
조 지라드 법칙처럼 250명 정도는 있다.

난, 자신이 없다.
나의 하위 파트너 중에서 능력자가 나타날 수 있다.

난, 말주변이 없다.
설득은 말로 하는 것이 아니다.

17 그냥 소비자로도 이익이다

애터미 제품은 친환경 대중명품이고 가성비가 월등하므로 소비 회원만으로도 비용 절감과 이익이 되어 가정 경제에 도움이 된다.* 또한 돈 버는 소비인 애터미 사업은 가정의 수도처럼 메인 파이프에 가지 파이프를 붙이고 끌어다 쓰는 것과 비슷하며, 좌우 조건을 맞추는 2줄(Binary) 마케팅이다.(그림 참조)

수당을 목표로 하는 회원은 먼저 자기 매출(초기 수당 자격 30만PV)을 충족시킨다. 다음은 좌측 A라인(메인 파이프) 하위 매출 충족은 포인트 공유로 달성이 쉽다. 내 스스로 충족시켜야 하는 우측 B라인(가지 파이프) 하위 매출은 가족 아이디로 생필품을 구매하다 보면 포인트가 쌓여서 도표의 실선회원처럼 30만PV가 충족되어 수당을 타게 된다. 어차피 쓰는 생활비로 생필품을 싸게 사면서 보너스로 수당도 타는 1석 2조이다. 애터미를 할까 말까 고민 말고 그냥 전국민이 회원 가입하고 소비자가 되자. 독점적 자본경제를 깨는 뇌관이 될 수 있다. 이익이 되는 애터미를 안 하면 바보다.

나중에 이러한 방식에 재미를 붙여서 수당을 빨리 그리고 많이 타고자할 때 자기 아래에 회원을 늘리면 그것이 애터미 사업이다. 회원이 늘어날수록 십시일반 소비가 되고 공유되어 부담이 가벼워진다. 회원이 크게 늘어나면 완벽한 성공자도 될 수 있다. 이처럼 애터미 사업 방식은 매우 간결하다.

---

*3인 가족의 1년 일반적인 소비생활은 칫솔은 평균 1달에 1개씩 3개 소비, 치약은 200그램 기준 1달에 1개 대략 소비할 것이다. 시중가로 칫솔은 개당 3,000원 정도로 3식구 9,000원, 치약은 일반 제품으로 5,000원 정도 매월 지출. 1년이면 (칫솔 9,000x12=108,000원)+(치약 5,000x12=60,000원)=합계 168,000원 지출된다.

애터미 제품으로 바꾸면 칫솔은 개당 990원으로 3식구 2,970원, 치약은 총판가로 개당 2,900원을 매월 지출. 1년이면 (칫솔 2,970x12=35,640원)+(치약 2,900x12=34,800원)=합계 70,440원이 지출된다. 애터미 제품이 97,560원(58%) 비용이 절감되면서 소비 즉시 소득이 된다. 같은 수입으로 소득이 2배 이상 되는 것이다. 한번 쓰면 평생을 쓰게 되며 손자까지 대를 이어 쓰게 된다. 평균 40~50년을 쓰면 1인당 400~500만원을 절약하는 것이다.

참고로 애터미 치약은 천연 항생제 프로폴리스가 함유된 기능성이다. 시중에서는 200그램 기능성 치약 1개에 1~2만원 하므로 기능성을 써야만 한다면 애터미 치약이 3배 이상 절감된다.

[소비를 통한 포인트 공유 원리]

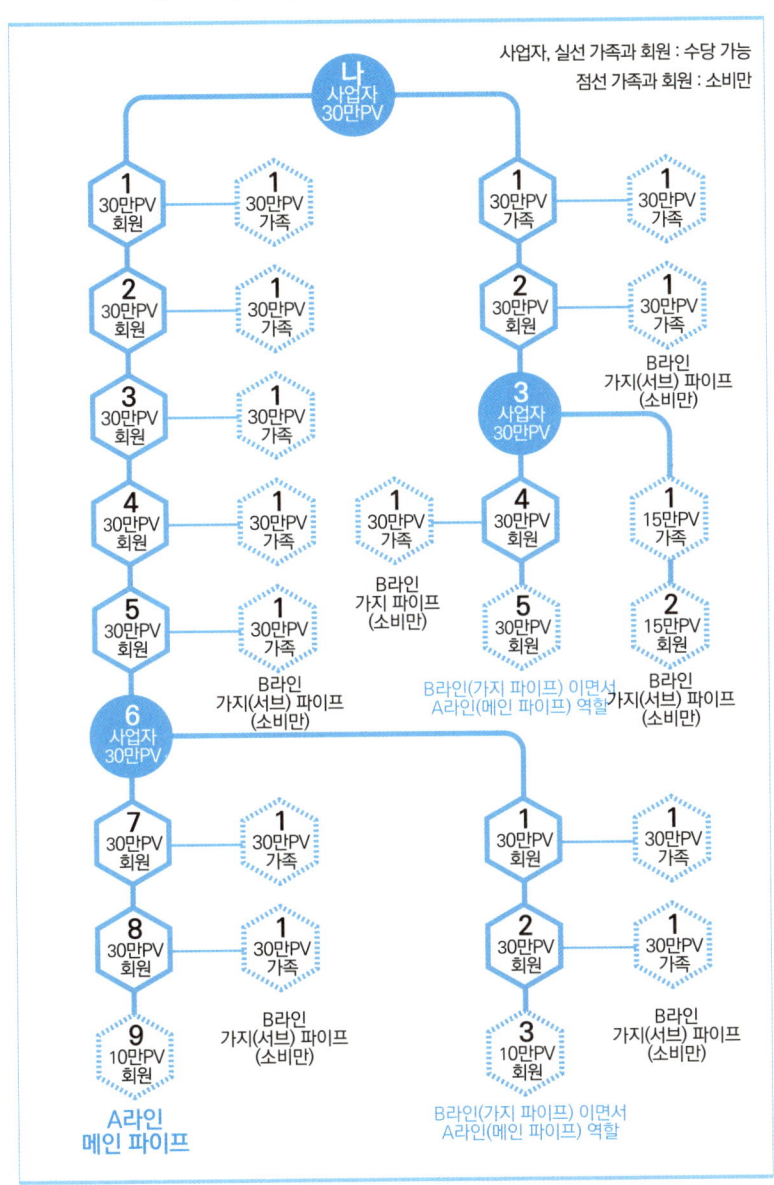

제 6 장 어떻게 성공할 것인가

삽과 포클레인이라는 자산의 차이처럼
애터미사업도 성공의 크기는 무형자산의 크기이다.
그러므로 일처리, 판단, 문제해결, 의사결정 등
학습을 통해서 무형의 자산을 축적해야 한다.
그리고 사업자·소비자 구축, 설문 조사 마케팅 방법 등
개인적·실질적인 애터미 사업활동과 성공방법은
100인 100색이므로 센터와 세미나 교육을
활용하면 도움이 될 것이다.

01 애터미 사업에 대한 사람들의 의문*

애터미 사업을 하라고 권유받거나 하려고 결심했을 때에 사람들은 다음과 같은 의문을 갖게 된다. 일에 대한 모든 결과는 자기 책임이므로 스스로 충분히 검토해야 한다.

① 이 사업을 할 것인가, 말 것인가? 비전 있는 사업인가?
이 사업을 함으로써 "나에게 피해와 손해가 발생할까? 이익과 비전이 있을까?" 등을 이성적으로 판단해야 하는 것이 개인의 권리이자 책임이다.

② 나같은 사람도 현재 상태에서 성공할 수 있을까?
"성공할 수 없다"이다. 왜냐하면 1만원 짜리 물건을 구입하려면 1만원의 자본이 있어야 하듯 애터미 사업성공에 필요한 지식·시간·신뢰·인적 자본 등이 본인에게 축적되어 있지 않아서 아직은 불가능한 상태이다. 자본이 부족하면 원하는 것은 그림의 떡이 된다.

③ 어떻게 해야 성공할까?
먼저 자본 축적을 해야 한다. 자본의 크기가 성공 규모의 척도가 된다. 애터미는 특히 시스템 참여, 소통, 제심합력, 겸손, 학습(지덕체=머리, 마음, 몸 공부) 등을 통하여 무형의 자본을 축적해야 성공한다. 자본 준비가 안 된 상태는 100도 이하의 물, 준비된 상태는 물이 100도 이상 임계점이 되면 자동적으로 끓는다. 성공도 이와 같다.

④ 나 같은 사람도 학습한 후 성공할 수 있을까?
"성공할 수 있다"이다. 학력, 권력, 금력, 스펙과 전혀 상관없다. 애터미는 시간과 인적자본 등을 축적하면 누구나 성공할 수 있다. 피케티*가 주장한 자본의 중요성처럼 애터미 사업으로 성공할 수 있느냐의 문제는 자본 축적의 문제로 귀착된다.

*출처 : 이성연 박사, 자본-생산성-소득 강의
***피케티**(Thomas Piketty) : 파리 경제대학 교수이자 21세기 자본의 저자. 자본이 돈을 버는 속도가 노동이 돈을 버는 속도보다 빠르기 때문에 빈부 격차가 확대된다.

[사업 전 의문]
① 이 사업을 할까 말까?
   이 사업 비전은 있나?
② 현 상태로 성공할 수 있나?
③ 어떻게 해야 성공할까?
④ 학습 후 성공 가능할까?

[사업 성공의 조건]
애터미 사업과 관련된 지식자본, 시간자본, 신뢰자본 등 무형 자본 축적이 먼저 필요하다.

[이성연 박사 강의 참고]

02 성공의 과정과 요인*

먼저 태도(Attitude)를 갖추는 것이 성공의 기본 바탕이고 전부이다. 좋은 태도는 자본 축적에 기여하고, 나쁜 태도는 자본 잠식을 가져온다.

애터미 성공의 과정에서 태도는 마음가짐, 정신 자세, 시스템 참여, 소통, 재심합력, 겸손(가장 중요), 긍정적 심리, 존중, 신뢰, 학습 등이다. 그리고 태도를 바탕으로 시간과 노력으로 자본이 축적되어야 한다. 자본 축적 후 생산성이 증가하고 안정적인 고소득을 올림으로써 경제와 시간의 자유를 얻게 되어 진정한 성공자가 된다.

또한, 성공의 함수는 열정, 훈련과 학습, 행동과 실천, 끈기, 겸손, 운 등이다.

[열정] "미치지 않으면 미칠 수 없다(불광불급)", "아는 것은 좋아하는 것만 같지 못하고, 좋아하는 것은 즐기는 것만 같지 못하다." 열정을 돌이킬 수 없는 임계점 이상으로 끌어 올려야 한다.

[훈련과 학습] 머리, 마음, 몸 공부를 말한다.

[행동과 실천] "부뚜막의 소금도 집어 넣어야 짜다"처럼 실제 행동으로 옮겨야 결과를 얻을 수 있게 된다. 미국의 심리학자 윌리엄 제임스(William James)와 칼 랑게(Karl Lange)의 이론 "울기 때문에 슬퍼지고, 도망가기 때문에 무서워지고, 웃기 때문에 행복해진다."처럼 행동이 마음을 좌우하기도 한다.

[끈기] 오바마 대통령의 "세상에서 성공하는 아이는 똑똑한 아이도, 강한 아이도 아닌 끈기가 있는 아이다." 라는 말이 잘 표현하고 있다.

[겸손] 안다병보다 열린 마음으로 계속 배우는 자세이다. 그리고 교만한 사람은 절대 성공할 수 없다. 교만한 사람들조차도 교만한 사람을 제일 싫어 한다.

[운] 불확실성을 믿고, 추구하며, 즐기다 보면 행운이 주어진다.

*출처 : 이성연 박사, 자본-생산성-소득 강의

[성공의 과정]

◉ 성공
⬆ 안정적인 고소득
⬆ 자본축적
⬆ 태도(Attitude)

[ATTITUDE 100]

A (Ability 능력) : 1
T (Trust 신뢰) : 20
T (Tolerance 관용, 인간애) : 20
I (Integrity 진실, 성실) : 9
T (Temperance 절제, 자제) : 20
U (United Heart 제심합력) : 21
D (Diligence 근면, 열정) : 4
E (Etiquette,
   Endurance 예의, 인내) : 5

03 성공 자본을 위한 3가지 공부*

애터미 사업 자본은 머리+마음+몸이다. 성공은 자본 크기에 비례한다. 10억 자본이 1억 자본보다 더 성공 가능성이 크다. 그러므로 애터미 자본을 크게 키울수록 성공 가능성은 커진다. 애터미 자본은 다음 3가지 공부를 통하여 키울 수 있다.

[**머리 공부**] 애터미와 관련된 문화, 경영철학, 마케팅, 상품 지식을 갖추어야 외부의 부정적인 언어공격으로 부터 흔들리지 않는 신념을 갖출 수 있다.

[**마음 공부**] 적극적, 긍정적, 인내, 도덕적, 정직, 성실, 배려, 결의, 사랑 등을 갖추고 자기와 타인에 대한 이해와 공감능력을 키운다.

[**몸 공부**] 사람의 감각은 민감해서 안 쓰면 퇴화된다.* 센터교육, 원데이 행사, 석세스 세미나 참석, 손과 발로 뛰는 소비자 그룹구축을 실천한다. 우리는 인간이기 때문에 감정의 기복이 있기 마련이다. "인터넷을 보면 다 나오는데 구태여 참석할 필요가 있을까?"는 오판이다. 사업의욕도 용불용설이 적용된다.

처진 컨디션 회복을 위해 센터와 행사에 참석하여 성공자들과 체험담을 나누고 격려의 말을 듣게 되면 열정과 충만한 기를 받을 수 있으므로 많은 도움이 된다. 애터미를 머리로 받아들이는 것과 참여하여 몸으로 받아들이는 것은 '조화와 생화'의 차이이다. 애터미는 마음을 여는 사업이라 사람들과 부대끼다 보면 전개 속도가 느리고 힘들어서 열정이 점점 식는다. 즉 엔트로피*가 증가하므로 낮춰야 한다. 그러므로 주기적으로 행사에 참여하여 '기'를 충전하고 마음을 추슬러야 한다. 자동차의 주유소처럼 행사장은 사업자의 주기소(注氣所)이고, 행사 참여는 기(氣)의 충전이다.

*출처 : 이성연 박사, 자본-생산성-소득 강의
***감각의 퇴화** : 심리학자 블랙모어와 쿠퍼의 아기고양이 실험에서 2~3개월 동안 우리 안에서 수직선만 보게 했더니 수평선 세포가 퇴화되어 수평 판을 걷지 못하였다.
* **엔트로피**(Entropy) : 다른 말로 '무질서도'라고 한다. 물질이 변형되어 다시 원래의 상태로 환원될 수 없게 되는 현상

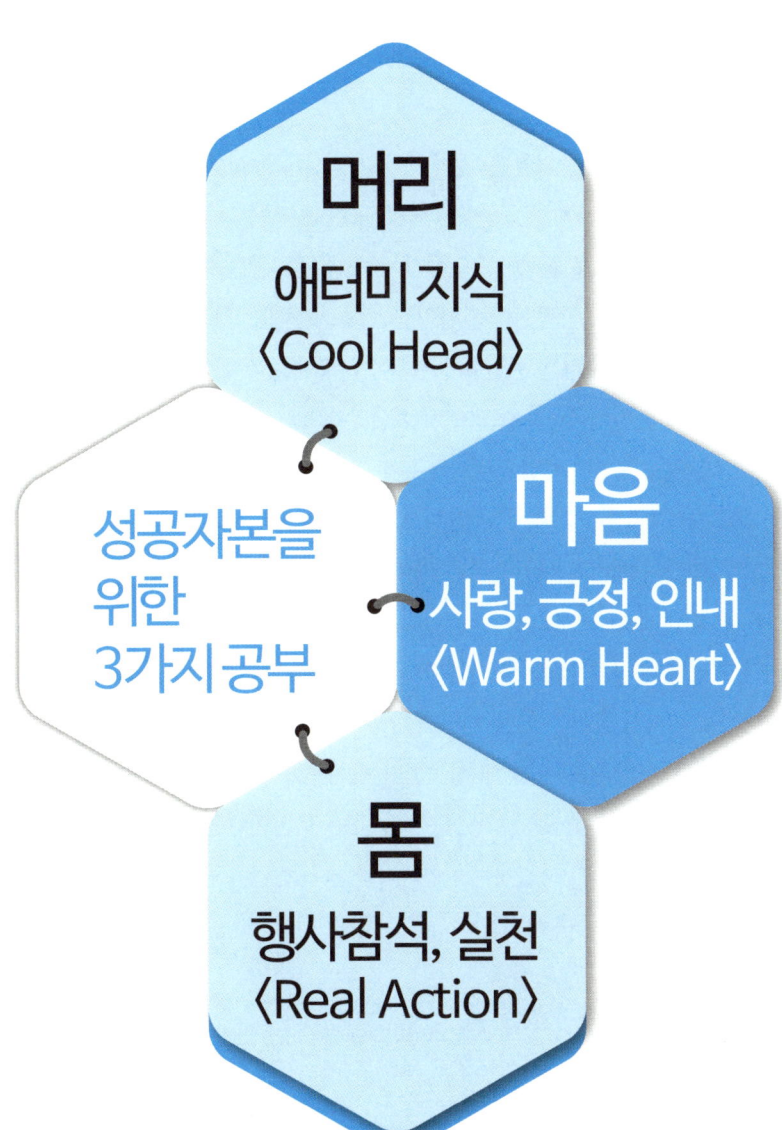

04 성공의 필수 요인 : 강한 멘탈

애터미 사업성공의 필수 자본은 돈이 아니고 정신력(Mental)의 용기(Courage), 열정(Passion), 끈기(Patience)이다. 스카우터들은 스포츠 선수의 재능이나 체력적인 것이 동일할 때에 최종적으로 결정하고 선택하는 요인으로 '멘탈', 즉 정신력을 꼽는다. 정신력이 약하여 초기에는 반짝하다가 사라진 스포츠 천재 스타들이 부지기수이기 때문이다. 그러므로 스카우터들은 선수가 어떠한 상황에도 흔들리거나 좌절하지 않고 평상심을 유지할 수 있는 강인하고 초연한 정신력이 가장 중요하다고 말한다.

성공이 보장되는 애터미 사업은 성공하기까지 다른 사업이나 직장보다 상대적으로 기간이 짧고 덜 고생한다. 그러나 "손안의 피라미가 바닷속의 고래보다 낫다"고 당장 경제적으로 어려운 애터미 사업자들은 기대치에 못 미치면 조급한 마음에 실망하거나 못 견디고 중간에 종종 낙오한다.

그러나 포기하는 시점이 끓기 직전의 99도 상태일 수 있다. 나머지 1도를 못 기다리는 어리석음을 범하지 말아야 한다. 이렇게 나무 가지치기 하듯이 사업자들이 떨어져 나가고 결국 '멘탈 갑'인 사람이 남아 성공한다. 마시멜로 실험*에서도 검증된 사항이다. 애터미의 성공은 "강한 자가 살아남는 것이 아니고, 살아남는 자가 강한 것이다"라는 격언과 일치한다. 애터미 사업에서 성공까지 소요되는 약 3~5년 동안 포기하지 않고 초연하게 견디면서 꾸준히 사업을 지속할 수 있는 '멘탈'이 가장 중요하다.

* **스탠퍼드 마시멜로 실험**(Stanford Marshmallow Experiment) : 1966년에 미국 스탠퍼드 대학교 부설 놀이방의 4살짜리 653명을 대상으로 한 월터 미셸(Walter Mischel) 교수의 인내력 실험. 인내력이 좋은 사람이 인성도 좋고 성공한다.(동영상 참조)

(마시멜로 실험)

[성공필수요인]
강한 멘탈

강한 자가
살아남는 것이
아니고,
**살아남는 자가
강한 것**이다.

05 무형자산의 크기가 수당의 크기이다

작용 반작용의 법칙처럼 1만 원 짜리 물건을 사려면 1만원을, 1억 원짜리 물건을 사려면 1억 원을 지불해야 하는 것과 같다. 애터미 사업을 다년간 했는데 소득이 신통치 않은 사람이 있다. 이는 사업자 자신의 부족한 애터미 관련 무형자산의 지표를 보여주는 것이다. 애터미는 무자본·무점포 사업이므로 애터미에서 원하는 수당을 받으려면 애터미 관련 무형자산을 원하는 수당만큼 축적해야 한다.

예를 들어 사업자가 월 7만원의 수당을 받는다면 현재 사업자의 무형자산은 7만원 수준이고, 월 1,000만원의 수당을 받는 사업자의 무형자산은 1,000만원 수준인 것이다. 그러므로 최대 5,000만 원 수당을 받으려면 먼저 애터미에 지불할 사업자 자신의 무형자산을 5,000만 원 짜리로 키워야 한다.

애터미 무형자산을 키우려면 애터미 회사, 제품, 마케팅, 보상플랜 등 모든 것을 알기 위해 머리, 가슴, 몸 공부를 많이 해야 한다. 또한 나의 하위 파트너(Follower)들을 이끌기 위하여 무한 사랑의 어머니 같은 대인배 리더가 되어야 하고, 끝까지 포기하지 않는 무한긍정·멘탈갑의 인성을 갖춰야 한다.

무형자산을 갖추려면 단시간·단기간에는 불가능하며 반드시 소정의 물리적인 시간(시간 자본)이 필요하다. 애터미 사업의 특성은 시스템적이라 성급하면 실패한다. 시스템적 사업에서 바로 소득을 원한다면 연금을 붓자마자 타겠다는 것이며, 이등병이 바로 별을 달겠다는 것과 같은 이치이다.

월 200여만 원의 연금을 타기 위해 공무원들은 20년동안 노력한다. 공무원보다 25배나 더 많은 월 5,000만 원의 시스템 소득을 올리는 애터미 사업기간 5~10년의 노고는 공무원 노고에 비하면 정말 아무것도 아니다.

무형자산 크기
= **수당의 크기**

[무형자산]
애터미 회사, 제품, 마케팅,
보상플랜 관련 지식.
머리, 가슴, 몸 공부.
대인배·어머니 같은 리더.
무한긍정·멘탈갑의 인성.

06 실패하는 자존심, 성공하는 자존감

자존심(自尊心)과 자존감(自尊感)은 자기를 존중하는 의미로 비슷하게 쓰인다. 그러나 자기 존중의 주체가 다르다. 자존심은 타인이 나를 존중하는 남 의식의 '타인중심'이라면 자존감은 내가 나를 존중하는 '자기중심'의 의미가 담겨 있다.

자존심의 대표적인 인물은 초왕 '항우'이다. 항우는 70여 회의 전쟁에서 패한 적이 없다. 한왕 유방과 그의 명장 한신과의 해하 전투에서 패해 자살했다. 항우가 사면초가에 몰리자 연인 우희는 초나라 군사력이 여전하니까 일단 피신하여 후일 거병할 것을 권하였다. 전쟁에서 이기고 지는 것이 군인의 일상인데도 항우는 "현재 내가 직면한 난관은 하늘의 뜻이지 저들에게 패한 것은 아니다."라며 '자존심'을 걸고 끝까지 싸우다가 자결하였고 초나라도 함락 당했다.

자존감의 대표적인 인물은 명장 '한신'이다. 젊은 시절 가난했지만 야망차고 검술이 뛰어난 한신은 항상 칼을 차고 다녔다. 한 무뢰배가 이를 보고 "꼴에" 하고 비웃으며 "결투를 하든가 자기 가랑이 밑을 기든가 선택하라"는 시비를 걸어오자 죽일 가치가 전혀 없고 살인자가 되기 싫은 한신이 가랑이 밑을 기었다. 한신은 그 일로 남들의 웃음거리가 되었지만, 자신의 가치는 전혀 손상된 것이 없으므로 전혀 개의치 않았다. 후일 한왕 유방을 도와 천하를 통일하고 초왕에 봉해졌다.

애터미 사업자도 이와 같다. 화려한 과거 경력과 왕년만을 찾고 남을 의식하는 자존심만 내세우면 항우처럼 스스로 자멸하게 되고 최후의 승자가 될 수 없다. 네트워크 사업의 최후 승자는 누가 뭐래도 꿋꿋한 한신의 '자존감'을 갖는 것이다.

네트워크는 심리 사업이므로 통계적으로 애터미 회원의 대다수인 93%가 자존심 항우 형의 소비자이고, 7%가 자존감 한신 형의 사업자이다. 어쨌든 네트워크 영토에서 왕이 될 수 있는 필요조건은 항우보다 한신 형이다.

자존심
타인중심·항우

자존감
자기중심·한신

항우형
93% 소비자

한신형
7% 사업자

07 생각을 경영하자

나가모리 시게노부 일본전산 사장은 "능력 차이는 5배 차이를 낳지만, 의식 차이는 100배 차이를 낳는다"고 했다. 이 말은 애터미 사훈의 '생각을 경영한다'와 일맥상통한다. 애터미 사업은 능력-자격-경력이 필요없다. 애터미에서 성공하려면 강력한 '의식(태도)'만 갖추면 된다.

돈을 잘 버는 사람은 "재주는 곰이 넘고 돈은 사람이 번다"라는 속담을 잘 활용한다. 일례로 자동차를 만드는 '헨리포드'보다 주유소 사업을 하는 석유 왕 '록펠러'가 돈은 훨씬 더 많이 벌었다. 현재 포드 자동차회사는 비틀대는데 여전히 록펠러는 건재하다. 이처럼 컴퓨터를 만드는 삼성전자에 올라탄 네이버가, 스마트폰을 만드는 삼성전자를 올라탄 카카오가 돈을 더 영악하게 번다. 이러한 종류의 회사들은 알리바바, 페이스북, 트위터, 구글, 아마존 등이다.

이러한 상황을 분석해 보면 제품 메이커는 제조와 A/S를 해야 하는 수고를 해야 하고, 심한 경쟁으로 매출보장도 안 되어 항상 걱정한다. 반대로 그러한 제조회사의 제품을 활용하는 반복 재구매 상품의 서비스 회사는 지속적인 매출증대가 가능하다. 이것이야말로 제조회사 입장에서는 '죽 쒀서 뭐 준다'는 격이 되는 것이다.

성공하는 사업은 '재구매율'이 가장 중요하다. 현재 대형마트를 먹여 살리는 최고 매출 상품은 재구매가 가장 활발한 '인스턴트 커피와 라면' 등이다.

애터미의 모든 상품은 재구매가 활발한 생필품이다. 그러므로 애터미 사업자들은 리펀드 포인트의 무한공유, 무한누적이라는 좋은 도구를 잘 활용하여 모두 성공하자. 재주는 애터미가 넘고 돈은 회원이 버는 것이다.

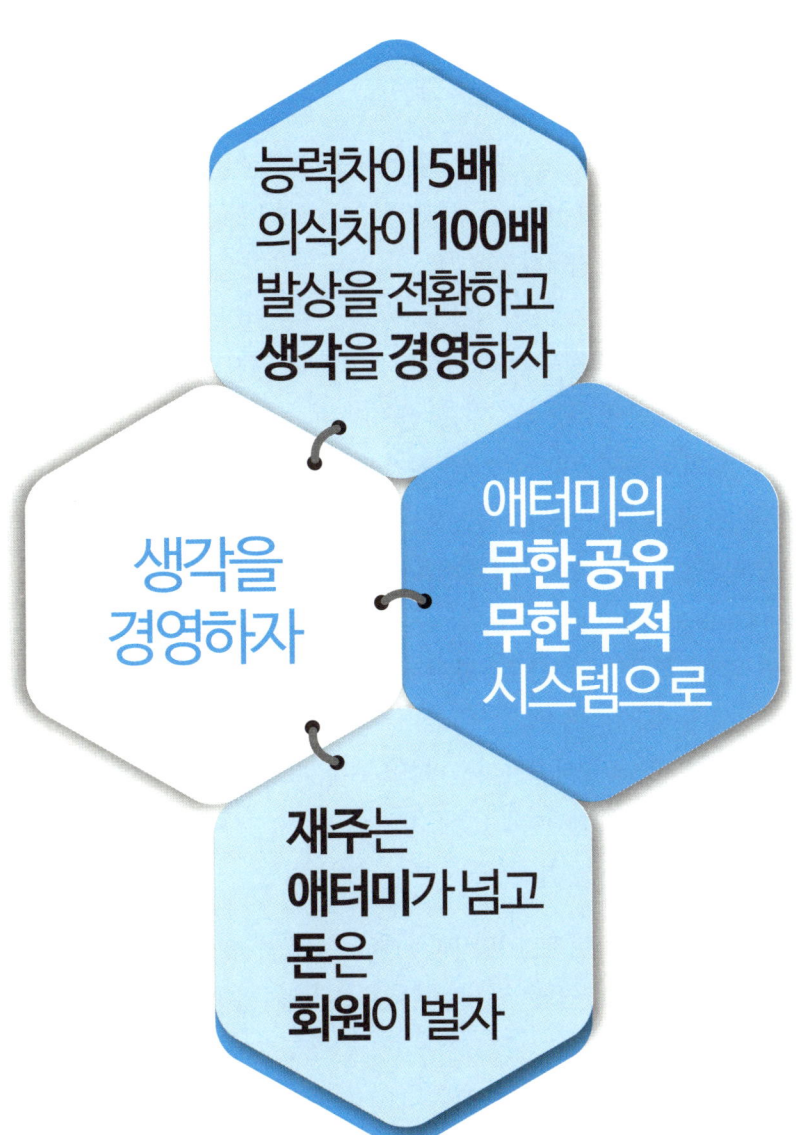

08 초보 사업자의 초기 마케팅 방법

마케팅 경험이 전혀 없는 초보자들은 애터미 사업을 힘들어 한다. 이 경우에 초보자라도 100% 초기 마케팅 성공법은 우선 자기부터 애터미 상품으로 생필품을 대치하는 것이다. 이것을 '자기 판매'라 한다.

스스로 물건을 산다는 것은 자기 자신을 설득했기 때문이다. 물론 제품을 신뢰했다는 의미이기도 하다. 이 방법은 애터미 제품을 실질적으로 체험함으로써 애터미와 제품에 '확신과 사실적인 정보'를 갖는 효과를 얻을 수 있다.

애터미 사업의 첫걸음인 '내가 나를 설득'하지 못하면 남을 설득하는 것은 불가능하다. 일단 애터미 전 제품의 애용자가 되면 자신 있게 사람들에게 제품의 실제적인 특징을 생생하게 말할 수 있게 된다. 리쿠르팅(회원 초빙)할 때에 많은 도움이 된다.

제품 체험 없이 말하면 거짓말이 된다. 자기가 사업하는 제품을 모르고 상대방을 설득하면 실패할 확률이 높아진다. 또한 자기 판매는 사업자 등급(가게 규모)을 위한 자기 매출 포인트 관리도 겸하게 된다.

한편, 사업을 하려면 무형의 사업 자산 마련을 위해 3개월 정도의 훈련이 필요하다. 그러나 훈련 전의 초보가 애터미에 감동을 받아서(속칭 뚜껑이 열려서) 타인에게 애터미를 권유할 때에는 일단 다음 3가지 정도만 말하는 것이 좋다.

1. 일반 인터넷 쇼핑몰처럼 회원가입하여 구매하는 온라인 직거래 쇼핑몰이다.
2. 애터미 마트를 무료로 창업하고 대형 마트 대신에 자기 가게에서 자기 생필품을 구입하는 것이다.
3. 제품이 싸고 좋아서 절약되므로 애터미 제품 소비는 '즉시 소득'이 된다.

[자기 설득]

"먼저 **자기**에게 판매하라."

내가 나를 설득 못하면 남 설득은 불가능하다. 자기 제품을 모르면 거짓말이 된다.

[타인 설득]

1. 일반 인터넷 쇼핑몰처럼 회원가입하여 구매하는 온라인 직거래 쇼핑몰임.
2. 내 가게 애터미 마트에서 내 물건을 구입하는 것임.
3. 제품이 싸고 좋아 절약되어 '즉시 소득'이 됨.

09 조 지라드, 1명=250명

애터미에서 성공하려면 나의 좌우측 라인에 50~100명의 오토 골드 소비자를 초빙해야 한다. 이러한 말을 듣는 초기 애터미 사업자가 생각하기를 "한 사람 초빙도 어려운데 언제 그 많은 사람을…" 하면서 걱정한다. 그러나 걱정할 필요가 없다. 우스갯소리로 네트워크의 원조는 예수님과 부처님이라는 말이 있다. 기독교는 12명, 불교는 10명의 제자로부터 시작하여 전 세계인에게 보급되었다.

애터미 성공자들은 한 명씩 대략 10~20명 정도 지인을 초빙했고, 마음이 맞는 사업자 3~4명으로 성공했다고 말한다. 그 지인들이 지인들을 초빙하고, 초빙된 지인이 지인을 초빙하는 구조로 되어 있다. 이것을 제심합력(십시일반, 집단지성)과 승수의 원리라고 한다.

100명의 회원을 만드는 경우 혼자는 100명을 힘들게 만들어야 한다. 그러나 마음 맞는 사업자 2명이면 50명씩, 4명이면 25명씩, 8명이면 12.5명씩 회원을 초빙하게 되므로 노력이 절감된다. 만들어진 파트너 사업자들이 이와같은 원리로 복제하게 되고 회원은 승수로 늘어난다. 이것이 노력과 시간의 축지법이다.

조 지라드*의 연구처럼 1명=250명이 되는 원리이므로 '애터미 회원 1명=250명'과 같다. 진심으로 사람을 소중히 여겨야 한다. 일반수학은 100-1=99이지만, 비즈니스 수학은 사람 1명을 소홀히 하면 100-1=0이 된다. 잊지 말자.

***조 지라드** : 미국의 전설적인 자동차 세일즈맨으로 한 사람은 몇 명의 사람과 알고 지내는지 통계를 내어 〈250법칙〉을 알아냈다. 조사 결과 "결혼식이나 장례식에 참석하는 한 사람의 지인이 평균 250명이 된다"는 법칙이다.

[네트워크성공법 : 제심합력]

전세계인을 네트워크로 묶은 예수님은 12명, 부처님은 10명부터 시작했다.

100명 회원을 위한 제심합력

1명 : 1x100명 초빙
2명 : 2x50명 초빙
4명 : 4x25명 초빙

10 내 맘의 법칙, 지 맘의 법칙*

대부분 자연현상의 그래프 형태는 중앙의 평균치 좌우에 균등하게 분포하는 종 모양의 곡선으로 이를 정상분포곡선(Normal distribution curve)이라고 한다.
정상분포곡선으로 해석해보면 사업을 권유할 때 사람들의 반응은 다음과 같다. 예를 들어, 10명의 고객을 만난다면 일반적으로 매우 부정적(1명), 약간 부정적(2명), 유보적(4명), 약간 긍정적(2명), 매우 긍정적(1명)으로 분포한다.
애터미 사업자들은 파트너를 초빙할 때에 상대방이 부정적으로 나올까 어떨까를 걱정한다. 정상분포곡선을 이해하면 모든 현상이 자연스러운 것이므로 그다지 걱정할 필요가 없다. 이를 바탕으로 사람들 반응의 일반적인 성향을 이해하면 '그러려니' 하면서 사업자가 크게 상처받을 일도 없고 거절도 두려워할 일이 아니다. 정상분포곡선에는 제안자가 고민하는 '내 맘의 법칙'과 제안 받은 상대방이 고민하는 '지 맘의 법칙'이 공평하게 존재하기 때문이다. 이 원리를 체득하면 애터미 도사가 된다.
애터미 사업을 하다 보면 가장 상처를 주는 사람들이 가족, 친척, 친구들이다. 초기에는 서툴러서 이들을 모두 적으로 만든다. 그렇다고 나도 함께 적으로 결론을 내면 안 된다. 이들은 나중에 나의 가장 소중한 성공 파트너가 될 자원들이다. 프랭크 베트거의 마케팅 비법에 의하면 고객의 62%는 가짜 거절이다.
금을 캘 때 실제로 하는 일은 금을 찾는 것이 아니라 흙을 제거하는 일이다. 흙(No)을 가장 많이 제거하는 사람과 거절(No)을 가장 많이 겪는 사람이 황금(Yes)을 발견하는 사람이다. No라는 말은 영원히 싫어요(Never)가 아니라 아직은 싫다(Not yet)라는 뜻이다. 사람은 실패가 아니라 업적을 기억한다.*

*박한길 애터미 회장 강의 참조
*거절은 나를 다치게 하지 못한다 : 리처드 펜튼, 안드레아 왈츠 지음

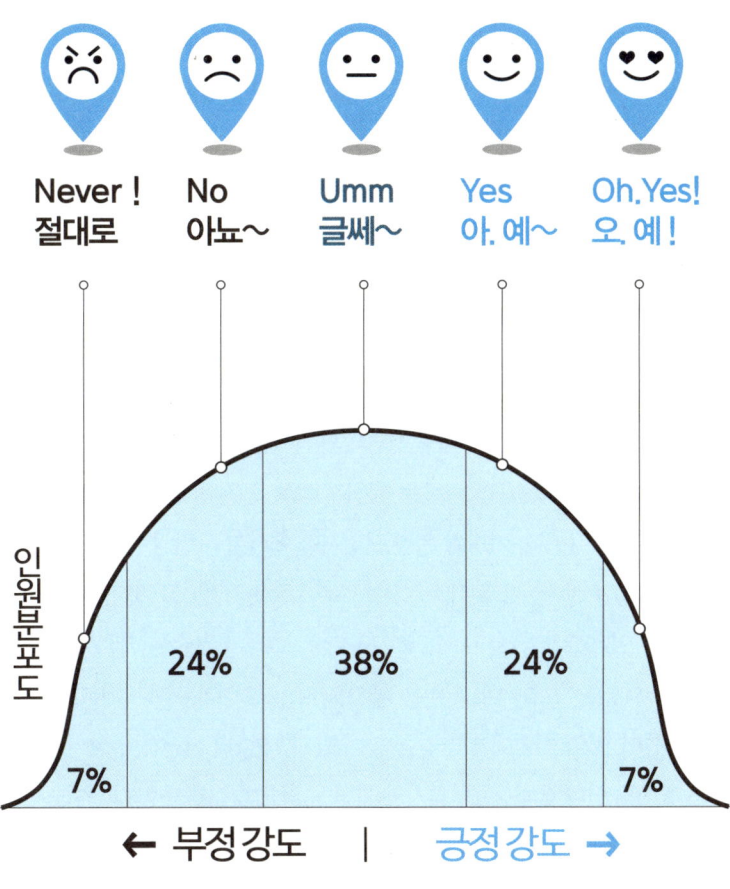

11 회원의 애터미 사업은 판매가 아니다

애터미에서 사업은 회사와 회원의 입장이 다르다. '회사=유통·판매자'이고 '회원=소비자·홍보맨'이다. 회사의 이익은 제품의 '유통·판매 마진'이다. 회원 사업자의 이익은 단기의 '절약 소득'과 자기 소비자 그룹의 구축과 회사·제품 홍보에 따른 제품소비로 발생하는 포인트 누적에 따른 장기의 '수당소득'이다. 즉 회원의 애터미 사업은 나의 좌우 하위라인의 소비 포인트가 공유되어 나를 통과하여 위로 흐르도록 시스템을 구축함으로써 소득이 되는 개인 '플랫폼' 구축 사업이다.

일반적으로 대부분의 사람들은 '사업=판매'라는 고정관념이 아주 견고하다. 일반 사람들에게 "회원들의 애터미 사업은 파는 것이 아니다"라고 하면 말도 안 되는 소리라고 항의한다. 새롭고 독창적인 마케팅 기법의 애터미를 잘 이해하지 못하는 하위 파트너들도 자기 아이디로 제품을 소비하는 행위가 상위 스폰서의 이익을 위해 제품을 팔아주는 것이라고 생각한다. 이처럼 회원 사업자가 애터미 사업의 특성을 모르고 판매로 접근하면 사업에 실패하게 된다. 이것을 방향이 잘못되었다고 한다.

애터미 제품은 인터넷에 공개되어 있고 누구나 동일한 가격에 구입할 수 있으므로 판매 마진을 볼 수 없는 구조이다. 회원은 '물건을 많이 팔수록 판매 경비가 많아지므로' 손해가 발생한다. 만약 지인에게 마진을 붙여 팔면 나중에 신뢰감이 상실되어 인간관계가 끊어질 수도 있다. 돈은 돈만 잃지만 사람을 잃으면 전부를 잃게 된다.

결론적으로 회원의 애터미 사업은 홍보·설득 사업이므로 애터미에서 성공하려면 진심으로 사람을 소중히 여겨야 한다. 그래야 나중에 휴먼 네트워크(Human Network)인 소비자 집단(Community)*이 형성되어 성공의 가장 소중한 자산이 된다. 애터미 사업의 핵심은 '돈보다 사람'을 버는 것이다. 돈은 사람을 따라온다.

*출처 : 박한길, 네트워크마케팅 회사의 리스크관리에 대한 연구 : 애터미 사례를 중심으로, 우송대 석사 논문, 2016, p47

[애터미 사업 비교]

[회사의 사업]
유통·판매

[회사의 이익]
유통·판매 마진

[회원의 사업]
소비자 시스템과 개인 플랫폼 구축

[회원의 이익]
절약·수당 소득

12 호일러와 3의 법칙

성공자들의 이구동성 성공비법은 파트너의 교육 시스템 참여이다. 파트너를 스폰서 본인이 직접 교육시키려고 하면 신뢰감, 시간 투자, 노력 투자 등등 때문에 스스로 지친다. 특히 사업자 본인이 덜 영리(반팽이/반편이 방언)하고 말주변이 없을 때에 이 방식은 매우 유용하다.

애터미를 권유할 때에 전혀 상관 없던 분야의 '네트워크, 면역, 피부, 건강' 등을 사업자가 쏟아내면 사람들은 많이 낯설어 한다. 그리고 당신이 어떤 사람이고 무엇을 하던 사람인지 당신의 과거를 파트너가 너무 잘 알기 때문에 신뢰감이 떨어질 수 있다.

그러므로 애터미 성공자가 이끄는 교육센터·원데이 세미나·석세스 세미나 등의 교육 시스템에 참여시키면 신뢰자본 축적에 도움이 된다. 파트너의 성공적인 설득과 사업 참여를 위해 신뢰성의 '호일러 법칙'*과 집단동조의 '3의 법칙'*을 적용하는 것이다.

성공자들은 이를 잘 활용한 사람들이다. 많은 파트너와 함께 할수록 십시일반이 되고 사업 노고의 분산 효과가 있다. 일종의 집단지성 방식이다. 애터미 성공비법은 성공자가 아닌 'My Way'를 버리고 애터미 교육 시스템을 통하여 이미 성공자인 'Atomy Way'로 가게 하는 것이다. '애터미의 길'은 항상 비춰봐야 할 사업의 거울이다.

---

*__호일러의 법칙__(Hoiler's Law) : 미 허버드대학교 경영대학원 교수. A(Advisor/스폰서/사업장)에게 B(Bridge/사업자/본인)가 C(Client, Consumer/고객/예비사업자)를 소개하거나 참석시켜서 신뢰감을 조성한다. 이후 A(스폰서)는 사업에 대한 90%의 역할을 하면서 정확한 설명과 지원을 통하여 C(고객)의 사업참여를 설득한다. 설득에 실패한다면 B(본인)가 10% 역할을 못하기 때문이다. 방법은 1) A의 인격을 올려준다. 2) C의 집중을 도와준다. 3) B는 끊임없는 동의와 긍정의 몸짓을 보낸다. 4) A의 설명이 부족하거나 C가 거부하는 듯하면 C를 대신하여 A에게 질문한다. 5) 관계를 담보로 한 마무리 멘트를 한다.〈친구야, 나 믿고 같이 한번 해보자〉

*__3의 법칙__ : 솔로몬 애쉬의 연구 집단동조현상이다. 집단동조에 3명의 사람이 필요한 이유는 사람들이 3명을 집단이라고 인식하는 최소한의 요건이기 때문이다. QR코드 동영상을 참조하면 이해에 도움이 된다.

[마음 열기·사업성공법]

나와 파트너의
교육시스템 참여

[마음을 여는 법칙]

호일러 법칙 : 신뢰감

3의 법칙 : 집단동조

(3의 법칙 동영상)**

13 성공의 원본을 복제하라

"파리를 따라 다니면 화장실을 배회하고, 꿀벌을 따라 다니면 꽃밭에서 놀게 된다." 세계적인 경영 컨설턴트 브라이언 트레이시(Brian Tracy)*는 1회 강연료 2억 원, 연 25만 명 앞에서 강연하는 '자기 계발'의 세계적인 명강사이다. 고등학교 졸업에 변변치 못한 무일푼에서 백만장자로 성공했다. "나는 왜 이렇게밖에 살 수 없는가" 하고 반성하였다. 그는 성공자들을 찾아다니면서 연구하고 공부하여 그대로 복제 실천하여 성공하였다. 브라이언 트레이시는 다음 2가지를 실천하라고 조언한다.

첫째, 내가 성공하고, 목표를 성취하겠다고 지금 결심하라.
둘째, 어떻게 해야 하는지 전문가로부터 방법을 배워라.

천성이 부지런한 한국사람들은 자기식으로 전략없이 죽기살기로 열심히만 해서 함께 망한다. 애터미 사업은 이미 성공의 길을 가본 'Atomy Way'로 해야 성공한다. 종종 성공의 길을 가보지 않은 똑똑한 사람들이 'My Way', 즉 자기 방식대로 하여 실패하곤 한다.

그러므로 사업 전에 먼저 나를 포맷(Format)하고 창업자로 인스톨(설치 Install)해야 한다. 애터미 사업은 퍼스트 무버(First Mover)가 아니고 팔로워(Follower) 사업이기 때문이다. 네트워크에서 퍼스트 무버는 창업자 딱 한 사람이다. 성공의 지름길은 짝퉁 성공자보다 성공의 원본 레시피인 창업자를 복제하는 것이다.

*브라이언 트레이시 : 같은 물건을, 같은 가격에, 같은 장소에서, 같은 사람에게, 같은 조건에 팔아도 다른 사람보다 10배 이상을 파는 사람에게 물어서, 마케팅과 비즈니스의 원리인 '인과의 법칙(종과득과), 작용 반작용 법칙'이라는 비법을 알았다. 그러므로 목표를 정해 놓고 성공자들을 그대로 따라서 복제하면 성공할 수 있다고 한다. "성공이란 해가 동쪽에서 떠서 서쪽으로 지는 것처럼 예측 가능한 일이다."라고 정의한다.

[브라이언 트레이시]
성공도 복제할 수 있다.

[애터미 성공]
최고의 성공자인 원본 '박한길 회장'을 복제한다.

Atomy Way : Yes
My Way : No

(브라이언 동영상)

14 성공하려면 행복한 리더가 되라

"나 자신이 즐거우면 모두 즐겁고, 나 자신이 즐겁지 않으면 모두 즐겁지 않다."
애터미 사업자인 '나'는 나의 소비자 그룹에서는 리더이자 지휘자이다. 또한 여러 사업자 파트너인 계열사 사장들을 케어해야 하는 기업 그룹 회장이기도 하다.

나 자신의 성공도 중요하지만 사업을 하면서 파트너가 늘어나게 되고 파트너를 성공시키려면 시대에 맞는 리더십이 요구된다. 잘하면 나의 소비자 그룹이 발전하지만 잘못하면 점점 쇠퇴하면서 무너진다. 과거의 리더십을 답습하거나 모방하지 말고 시대의 흐름을 알고 시대에 맞게 준비해야 한다.

네트워크 마케팅 1세대(1980년대 후반~1990년대 초)는 강력한 의지와 확신의 '카리스마 리더', 2세대(1990년대 중반~2000년대)는 정보를 논리적·합리적으로 정리해서 전달하는 풍부한 '지성의 리더', 3세대(2000년대 후반~2010년대)는 다양한 사람들의 참여로 '소통의 리더'가 성공하는 시대였다.

그러나 지금은 4세대로서 '행복한 리더'가 성공하는 시대이다. 선하고 착한 부자, 아름답고 향기 있는 리더가 인정받는다. 또한 즐기면서 돈을 벌고, 재미있게 모임을 하는 리더가 성공하는 시기이다.

재미있고 행복한 조직을 만들려면 우선 자신이 재미있고 행복한 리더가 되어야 한다. 또한 향기나는 꽃에 벌과 나비가 모이듯 다양하고 좋은 사람들이 많이 모이기를 원한다면 내가 먼저 다양성을 포용하고 향기가 나는 리더가 되어야 한다.

[성공하는 현재의 리더]

[리더의 변천]

1세대-**카리스마리더**
2세대-**지성의 리더**
3세대-**소통의 리더**

[현재의 리더]

4세대-행복의 리더

먼저 자신이 재미있고,
행복하고, 향기나는
리더가 되어야한다.

15 성공의 법칙 : 황금률

"무엇이든지 남에게 대접을 받고자 하는 대로 너희도 남을 대접하라"는 성경 구절 '황금률*'의 원리처럼 주면 받게 되는(Give & Take) 것이다. 그러므로 애터미 사업에서는 내가 성공하려면 나의 파트너를 먼저 성공시켜야 한다.

황금률은 나의 이익을 우선하는 이기적인 이 시대에 진정으로 감동적-고차원적-이타적인 마케팅 원리이다. 이러한 원리는 A물체가 B물체에게 힘을 가하면(작용) B물체 역시 A물체에게 똑같은 크기의 힘을 반대로 가한다(반작용)는 '작용 반작용의 법칙*'과 같은 원리이다. 즉 나의 파트너를 성공시키면 나의 성공으로 돌아온다.

성공의 법칙인 황금률을 '상호성의 규칙', '호혜성의 규칙'이라고도 하며, 또한 '콩 심은 데 콩 나고, 팥 심은 데 팥 난다'는 종과득과(種瓜得瓜), 카네기가 말한 '북쪽은 이미 정해졌다'는 정북향의 원리로서 불변의 자연 법칙이다.

* **황금률**(Golden Rule) : 윤리와 의사결정의 밑바탕. 마태복음 7:12, 누가복음 6:31
* **작용 반작용의 법칙**(Law of action and reaction) : 뉴턴의 제3법칙

[성공의 법칙]

1. 황금률

무엇이든지 남에게 대접을 받고자 하는대로 너희도 남을 대접하라.

2. Give & Take
3. 작용 반작용 법칙
4. 상호성의 규칙
5. 호혜성의 규칙
6. 종과득과
7. 정북향의 원리

16 시간과 노력의 축지법

사람이 무슨 일을 하더라도 성공하려면 물리적으로 1만 시간을 투자해야 한다는 '1만 시간의 법칙'이 있다. 이를 '시간자본'이라고 한다. 1만 시간은 1명이 하루 10시간씩 투자하면 1,000일 걸리는 시간이다.

네트워크 사업은 여럿이서 함께 하는 집단지성의 사업이다. "백짓장도 맞들면 났다."라는 말처럼 애터미 사업도 함께 하면 1만 시간을 단축할 수 있다. 애터미 사업은 제심합력과 휴수동행*으로 파트너와 포인트를 공유할 수 있으므로 2명×500일, 3명×333일, 4명×250일…10명×100일 방식으로 함께 할 사람이 많을수록 서로 성공에 필요한 시간을 단축할 수 있다.

이처럼 애터미 사업은 함께할 사업자를 찾고 늘리는 사업이다. 사업자의 수에 따라서 투입되는 노력은 '1/N'의 공식으로 경감된다. 즉 2명=1/2, 3명=1/3, 4명=1/4…처럼 노력의 부담은 가벼워지고 속도는 올라간다. 이러한 원리는 시간 압축·시간 창조·시간의 축지법이다.

사업자를 빨리 많이 늘리려면 내가 백번 직접 설명하는 것보다 창업자가 직접 사업 설명을 하는 석세스 세미나에 파트너를 '초청'하여 본인이 직접 판단하게 하는 것이 좋다. 애터미 성공 고수들은 대부분 이 노하우를 쓰고 있다. 사업자가 될 확률은 나의 설득에 비하여 '10배 이상'이 된다. 애터미 사업 설명은 내가 아무리 능력이 있어도 오리지널 창업자를 능가할 수 없기 때문이다.

*제심합력(齊心合力) : 많은 사람들이 한 마음이 되어 노력한다는 뜻
*휴수동행(携手同行) : 나를 사랑하고 좋아하는 사람과 손을 잡고 함께 나아감.

**1만 시간 소요
성공시간 단축 비법**

제심합력
휴수동행

[시간 단축 원리]
1명x1000일, 2명x500일
3명x333일, 4명x250일
…10명x100일

[노력 경감 공식]
1/N
2명=1/2, 3명=1/3, 4명=1/4
…

17 마음과 귀는 바다처럼

애터미 사업에서 성공하려면 물을 부분적으로 받아들이는 호수나 강보다 가리지 않고 모두 받아들이는 '바다 같은 마음과 귀'를 가져야 한다. 사람이 전부인 애터미 사업을 하다보면 이 꼴-저 꼴-별 꼴의 사람을 만나게 된다.
애터미 성공자들을 보면 대부분 바다 같은 겸손함과 파트너의 단점을 탓하지 않고 다음처럼 누구에게나 장점을 찾아내고 모든 것을 초긍정으로 보는 멘탈 갑의 마인드를 가지고 있다.

내성적 파트너는 생각이 진지해서 좋다.
사교성이 적은 파트너는 과장되지 않아서 좋다.
소심한 파트너는 실수가 적어서 좋다.
질투심 많은 파트너는 의욕이 넘쳐서 좋다.
말 많은 파트너는 지루하지 않아서 좋다.
자신감 없는 파트너는 겸손해서 좋다.
직선적인 파트너는 속정이 깊어서 좋다.

교도소 수감자와 수도원 수도사는 동일하게 폐쇄된 공간에서 생활한다. 그러나 양쪽의 마음가짐은 '수감자=스트레스, 수도사=만족'처럼 하늘과 땅의 차이이다. 단점을 스트레스로 생각하는 것은 수감자의 마음가짐, 단점을 장점으로 생각하는 것은 수도사의 마음가짐이다. 그러므로 애터미 사업에서 성공하려면 수도사가 되어야 한다. 사람들에게 지극 정성을 다하면 하늘은 성공으로 사업자에게 보답한다.

[성공하려면]

바다 같은 마음과 귀로 겸손하게

[파트너가 다 좋은 이유]

- 내성적 파트너는 생각이 진지해서 좋다.
- 사교성 없는 파트너는 과장되지 않아서 좋다.
- 소심한 파트너는 실수가 적어서 좋다.
- 질투심 많은 파트너는 의욕이 넘쳐서 좋다.
- 말 많은 파트너는 지루하지 않아서 좋다.
- 자신감 없는 파트너는 겸손해서 좋다.
- 직선적인 파트너는 속정이 깊어서 좋다.

18 호감 기법1: 단순노출과 수면자 효과

처음부터 애터미를 전달하려는 것은 밭갈이 전의 씨뿌리기와 같아서 사업이 잘 안 된다. 이 경우에 공부나 연구만 하는 것보다 "그냥 사람을 자꾸 만나라." 씨뿌리기 전의 밭갈이와 같다. 이것이 성공자들의 노하우다. 그 원리는 다음과 같다.

[단순 노출 효과 Mere-exposure Effect]
미국의 사회심리학자 '로버트 자이언스(Robert Zajonc) 법칙'에 의하면 인간의 행동 패턴은 모르는 사람에게는 공격적·비판적·냉담하게 반응하고, 만날수록 인간성을 알게 되어 호의를 느낀다고 한다. 그러므로 자주 만나면 친해진다.
파리의 에펠탑은 '흉물스런 철 덩어리'에서 '파리의 상징'이 된 이유는 파리 시내 어디에서나 볼 수 있고 여러 각도에서 많이 노출되다 보니 사람들에게 점차 익숙해졌기 때문이다. 이를 '에펠탑 효과(Eiffel Tower Effect)'라고 한다. "아무리 못생긴 얼굴도 사흘이면 좋아진다"라는 속담처럼. TV속 유명인도 같은 효과이다.

[수면자 효과 Sleeper Effect]*
심리학에서 신빙성이 높은 출처의 메시지에 대한 믿음의 정도는 시간이 지나면서 감소하는 현상이 발생하고, 신빙성이 낮은 메시지에 대한 믿음이나 설득되는 정도는 시간의 경과와 더불어 상대적으로 증가하는 현상을 말한다.
예를 들어, 내(높은 신뢰)가 지인들에게 애터미 정보(낮은 신뢰)를 전달하면 처음에는 애터미를 의심하고 믿지 않는다. 그러나 시간이 지날수록 전달해준 나보다 애터미 정보가 기억에 남게 되어 믿게 된다. 그러므로 망설이지 말고 그냥 사람들에게 애터미 정보를 전달하라.

*호블랜드와 와이스(Hovland & Weiss, 1951)의 실험

[호감기법1]

[단순 노출효과]

"자주 만나서 그냥 놀아라"
자주 보면 호감 증가

- 자이언스 법칙
- 에펠탑 효과

[수면자 효과]

"그냥 정보를 주라"
의심하던 정보도
시간이 지나면 믿게 된다.

19 호감 기법2 : 근접성·대면 효과

사업이 잘 안 되면 공부나 연구만 하는 것보다 그냥 "사람을 자꾸 만나라." 그러면서 나와 같은 소비자를 만들라. 이것이 성공자들의 노하우다. 그 원리는 다음과 같다.

[근접성 효과 Proximity Effect]
물리적이나 심리적 근접성과 친근성으로 더 가까이 있는 사람에게 더 호감을 갖게 되는 심리적 경향을 말한다.

예를 들어, 흔히 이웃사촌처럼 가까이 사는 이웃이 먼 친척보다 더 가깝게 느껴지는 것을 말하는 것이다. 그러므로 친해지고 싶은 이성이 있다면 이성의 주변에서 본인을 자주 노출하면 사귈 가능성이 매우 높아진다.

검은 색을 가까이 하면 검어진다는 '근묵자흑'도 일종의 근접성 효과이다. 가까이 있는 사람과 비슷해진다는 뜻이다. 그러기에 좋은 영향을 받기 위해선 주변에 좋은 사람들이 많은 것이 좋다. 심리적 근접성과 친근성은 같은 취미, 고향, 동창처럼 심리적으로 유사점이 있는 사람과 더 잘 친숙해질 수 있다.

[대면 효과]
직접 얼굴을 보았느냐가 중요하다. 예를 들어 우선 A의 뒤에 X, B의 뒤에 Y라는 사람을 마주보게 앉혀 놓고 A와 B를 격렬하게 토론시킨다. 다음은 X와 Y에게 누가 더 토론을 잘 했느냐고 물어보면 X는 B를 Y는 A를 추천한다. 이유는 사람의 뒤통수보다는 얼굴을 볼 수 있어서 더 친근감을 느끼기 때문이다.

그러므로 전화나 문자보다 자주 만나서 얼굴을 보이는 것이 보다 효과적이다. 그러나 만날 때 항상 상대방에게 사업보다 인간성이 느껴지게 해야 한다.

[호감기법2]

[근접성의 효과]
이웃사촌처럼
반복적으로 가까이 하면
친근감이 생긴다.

[대면 효과]
얼굴을 직접 보면
친근감이 생긴다.

20 상대방의 성격을 파악한다

지피지기면 백전백승*이라고 명단작성 후 상대방의 성격을 먼저 파악하고 만나면 가능한 소통 성공률을 높일 수 있다. 대략 다음과 같은 성격으로 나눌 수 있다.

[호랑이 형]

급한 성격/일 중심적/머리 형이다. 업무 추진력이 빠르고 명쾌하다. 목표 지향적이고 카리스마와 리더십이 강하다. 강압적이고 남에게 상처를 주는 성격이다. 노래방에서 마이크를 놓지 않는 형이다. 호랑이 형에게는 리더십과 일에 대한 칭찬이 좋다.

[돌고래 형]

급한 성격/사람 중심적/가슴 형이다. 업무 추진력이 빠르고 낙관적이다. 인기와 명성을 추구한다. 노래방에서 분위기를 띄우는 사람으로 소화기 들고 넥타이 머리에 두르는 형이다. 외모, 아이디어, 낙관적, 화끈함 등을 칭찬하면 크게 고무되는 성격이다.

[사슴 형]

차분한 성격/일 중심적/머리 형이다. 일을 맡기면 틀림없고 정확하다. 노래방에서 노래책만 뒤적이는 형이다. 조심성이 강하므로 칭찬하면 의심한다. 사슴 형에게는 일의 꼼꼼함과 정확함에 대한 칭찬이 좋다. 설득은 합리적인 자료나 데이터로 한다.

[코알라 형]

차분한 성격/사람 중심적/가슴 형이다. 배려심과 협동심이 강하다. 조용하고 안정을 지향한다. 노래방에서 남들의 노래에 리액션을 잘하고 박수칠 준비를 항상 하고 있는 형이다. 코알라 형에게는 배려와 협조에 대한 감사가 칭찬이다.

***지피지기 백전불태** (知彼知己 白戰不殆): 지피지기 백전백승은 잘못된 표현

지피지기 백전백승

[호랑이형]
급함/일 중심/머리형/리더쉽
[돌고래형]
급함/사람 중심/가슴형/기분파
[사슴형]
차분함/일 중심/머리형/의심쟁이
[코알라형]
차분함/사람 중심/가슴형/배려

21 소통의 성공 프로세스

사람이 서로 소통하려면 '상호 정보→상호 이해→상호 수용→관계 개선→소통 성공(행복)'의 과정을 거친다. 이는 지구촌가정훈련원에서 진행하는 인간 화해 프로세스이다. 즉 부부의 불화는 관계가 나빠서이고, 관계가 나쁜 것은 서로 수용과 인정을 안 해서이고, 수용을 안 하는 것은 서로 이해를 못해서이고, 서로 이해를 못하는 것은 서로의 정보가 없어서라고 한다. 이러한 문제점의 근본이자 시작인 '정보'의 중요성을 파악하고 적극 문제점을 개선하여 5천 쌍 이상의 부부를 화해시키고 행복을 찾아 주었다. 부부도 서로 파트너이다.*

이처럼 애터미 사업에서 파트너와 소통에 성공하려면 우선 서로의 '정보'를 파악하는 데 가장 많은 시간을 투자해야 한다. 즉 시간투자 배분을 상호 정보 파악 60%, 상호 이해 10%, 상호 수용 10%, 관계 개선 10%, 소통 성공 10% 정도의 비율로 한다. 첫 단계를 잘 넘기면 다음 단계부터는 순탄하게 진행된다. 그러므로 처음 파트너와 만나면 절대 조급해 하지 말고 그냥 같이 놀면서 '상호 정보'를 나누는데 집중한다. 정보 나누기는 애터미 사업 얘기는 하지 말고 나의 진정성을 보여주고 서로의 실패담이나 고생 등의 얘기를 나눔으로써 서로 공감하게 된다.

정보를 파악하기 좋은 방법은 FORM 기법이다. 상대방과 놀면서 가족(Family) 얘기를 나누다 보면 형제, 공부, 건강, 결혼 등에 대하여 대화하게 된다. 그리고 직업(Occupation)과 직장 얘기, 취미(Recreation)와 오락 얘기, 돈(Money)과 관련한 경제 얘기 등을 정보 파악의 도구로 활용한다.

서로 잘 알게 된 이후에는 다음 단계로 쉽게 진행된다. 서로 진심으로 이해가 되고 서로 수용하게 되면 관계가 개선되고 소통에 성공하게 된다.

*이희범 지구촌가정훈련원 원장의 인간 화해 프로세스

[소통 성공법]

제일 먼저 **상호 정보 교류**에 **집중**하라.

[소통 과정]

상호 정보 ➡
상호 이해 ➡
상호 수용 ➡
관계 개선 ➡
소통 성공

22 성공의 8단계

성공의 8단계는 나와 파트너 성공의 전형적인 모델이다. 파트너를 사업자로 초빙하려면 꿈을 찾아주어라. 안 찾아주면 세미나에 절대 안 온다. 스폰서의 책임이다.

① [목표 설정] 성공의 절대 조건이며 인생 시나리오를 작성하고 목표관리(MBO: Management by Objectives)를 한다. 간절히 원하는 꿈을 기록하고 시각화한다. 목표와 일정을 구체적인 숫자로 표기한다. 미래의 성공 일기이다. VDR(Vivid Dream=Realization)을 매일 수시로 열심히 한다.

② [결단] 다른 일이나 애터미나 택일의 기회비용인 대가 지불, 긍정적인 마음과 자세, 주도적인 삶을 위한 군건한 의지가 필요하다.

③ [명단작성] 나의 전화에 있는 사업자나 소비자 가능성이 있는 지인을 부담 없이 기록한다. 톱텐을 추리고 지속적으로 사업자를 탐색한다. 남과 나의 생각이 다르므로 스스로 예단은 절대 금물이다. 꾸준히 스폰서와도 상의한다.

④ [초청] 주변 지인들은 나의 과거를 잘 알고 있으므로 직접적인 설득보다 전문가의 객관적인 설득이 필요하다(호일러 법칙). 파트너에게 센터와 세미나 참석을 꾸준히 권유한다. 사업자로 전환하는 매우 중요하고 결정적인 단계이다.

⑤ [사업설명] 회사와 경영자 소개, 경영 철학, 상품설명(대중명품), 수당 체계, 비전을 설명한다. 상황에 따라 동영상을 보게 하고 느낀 감정과 내용을 묻는다.

⑥ [후속 관리] 24, 48시간 이내에 확인 한다. 3일이 지나면 열정과 관심이 없어진다. 사랑과 진정성으로 성공할 때까지 관리한다. 성공을 위해 매우 중요하다.

⑦ [상담] 결과가 아니라 과정을 상담한다. 사람 없음(명단작성 안 함), 매출 안 오름(애용자 없음), 등록 안 함(사업 비전 못 줌), 조직 확대(포부를 키워줌) 등

⑧ [복제] 애터미 최고 성공자 박한길 회장을 복제한다. 컨셉 없는 모사(Copy)가 아니고 컨셉과 함께 창의적인 재생(Reproduction)이어야 한다. 다르지만 같은 종자유전과 같다.

[성공의 8단계]

① 목표 설정
② 결단
③ 명단 작성
④ 초청
⑤ 사업 설명
⑥ 후속 관리
⑦ 상담
⑧ 복제

23 성공은 '농장의 법칙'을 따른다

목표는 과녁, 항구, 결승선, 산 정상과 같으며 모든 행동의 출발점이자 열정, 용기, 인내심의 근원이다.

보이지 않는 '생각', 즉 목표가 구체적으로 눈에 보이는 수확의 열매로 나타나는 농장의 법칙은 성공의 법칙과 그대로 일치한다. 그리고 성공하기 위해서 과정의 어려움을 이겨내기 위한 노력은 농사와 같다.

농부가 가을에 풍성한 결실을 맺기 위해서 제일 먼저 해야 할 일은 무엇을, 얼마만큼 거둘 것인지 목표를 정하는 일이다. 농부의 머릿속에 들어온 수확할 곡식과 양에 따라 지질-위치-넓이를 정한다. 그리고 봄에 원하는 씨앗을 뿌리고 여름에 가꾸며 가을에 추수를 하게 된다. 아직 보이지 않지만 농부의 생각(목표)에 의해 가을에 거둘 곡식과 그 양이 정해진다. 열매는 다음처럼 거두게 된다.

첫째, 농사는 심는 대로 거둔다. 모든 추수는 씨앗에서부터 시작된다. 무엇을 얼마나 심었느냐에 따라 추수가 결정되는 법이다. 아무것도 심지 않은 밭에서 무언가를 거둘 수는 없다. 수박을 심은 곳에서 수박을 거두고, 땅콩을 심은 곳에서 땅콩을 거두듯이 성공하려면 긍정의 씨앗을 뿌려 두어야 한다.

둘째, 농사는 오랜 시간 후에 거둔다. 어떤 씨앗도 하룻밤 사이에 자라나는 것은 없다. 농부들은 봄에 심고 가을에 추수한다. 그 사이에 존재하는 여름 가뭄과 홍수를 이겨내기 위해 수많은 수고를 한다.

셋째, 농사는 심은 것보다 더 많이 거둔다. 열매는 씨앗보다 수십, 수백 배 더 많이 거두어 한 자루의 씨앗으로 곳간을 채울 수 있다. 긍정의 씨앗을 뿌리면 그 몇 배의 성공을 낳지만, 부정적인 마음의 씨앗은 자라서 몇 배의 파괴적인 실패를 낳는다.

[농장의 법칙]
농부의 생각이
수확의 **열매**로
바뀐다.

[성공의 법칙]
생각의 **씨앗**이
성공의 **열매**로
바뀐다.

24 꿈(미래 사건)의 실현 공식

시간은 없다.* 우리는 시간을 과거-현재-미래로 나누지만 시간은 단지 연속적인 사건의 축적(공간)일 뿐이다. 과거 시간은 '기억 형태'로 지나간 실재적인 사건의 축적이고, 미래 시간은 '기대 형태'로 아직 오지 않은 추상적인 사건의 축적이다. 과거 시간은 지나가서 없고, 미래 시간은 아직 오지 않아서 없다.

그러므로 과거와 미래가 '0'이다. 그 경계선인 현재도 '0'이다. 왜냐하면 일단 1시간을 쪼개면 과거 30분/미래 30분, 1분을 쪼개면 과거 30초/미래 30초, 1초를 쪼개면 과거 0.5초/미래 0.5초로 나뉜다. 이렇게 미세하게 계속 나누다보면 나중에는 0(無)에 접근하고 '0'이 된다. 그러므로 과거-현재-미래가 '0'이므로 시간은 없는 것이다.

시간은 없고 사건(공간)만 있으므로 꿈은 바로 '내가 찾아가는 미지의 공간=내가 만들 수 있는 미래의 사건=미래의 이력서'이다. 이러한 추상적인 사건, 즉 꿈을 실재 사건으로 만들려면 가시적으로 구체화해야 한다. 우선 목표 달성의 날짜를 설정하고 돈-집-자동차-배우자 등을 사진으로 가시화한다.

그리고 매일 들여다보면서 입으로 외치고 머릿속에 각인시킨다. 황당해도 전혀 상관없다. 인간 뇌의 무의식은 사실과 거짓을 구분하지 못한다. 그리고 목표를 실천 가능하게 잘게 잘라서 매일 실천한다. 농장의 법칙처럼 성공은 꿈꾸고 부지런함이 모두이다. VDR을 열심히 하면서 매일 꿈속에서 살자. 그리고 실행하자.*

꿈 실현 공식 : [꿈+날짜=목표] ◑ [목표+세부 분할=계획] ◑ [계획+실행=꿈 실현]

*노장(老莊) 사상에서는 시간이 없고 무시간(無時間)만 있다. 19세기 현상학(Phenomenology) 창시자 에드문트 후설(Edmund Husserl)도 시간이 존재하는 것이 아니라 '과거 시간=기억 형태'로 존재하고, '미래 시간=기대 형태'로 존재하며, '현재 시간=인식'될 뿐이라고 한다. 데카르트(Descartes)는 "나는 생각한다. 그러므로 나는 존재한다."처럼 시간을 생각하는 존재로 표현했다.

*눈에 보여야 믿는 사람은 눈으로 산과 들을 보고 운전하는 초보 비행사와 같고, 눈에 안 보여도 믿는 사람은 산과 들이 안 보이는 구름 위에서도 편안하게 계기 비행하는 베테랑 비행사와 같다. 꿈은 계기 비행이다. (박한길 회장)

꿈은
찾아가는 **미지의 공간**,
만드는 **미래의 이력서**,
미래의 사건이다.

[꿈의 실현 공식]

[목표] = 꿈 + 날짜

[계획] = 목표 + 세부 분할

[꿈 실현] = 계획 + 실행

25 목표 설정방법과 이미지 트레이닝

〈목표가 없으면 사업을 안 하는 것과 마찬가지이다.〉 활을 쏘고 과녁을 그리지 말고, 과녁을 그리고 활을 쏘라. 목표가 생생하거나 구체적일수록 심리적 거리*가 가까워진다. 목표 설정 후 이미지 트레이닝*과 시냅스 가소성*으로 뇌의 회로를 바꾸어서 실천하면 성공할 수 있다. 목표 설정을 위해 다음을 참조하자.

[카네기 성공공식]
① 벌고 싶은 돈의 액수를 명확히 정함.(월 1,000만원씩 벌기) ② 그 돈을 벌기 위해 무엇을 할 것인지 정함.(애터미 사업을 함) ③ 언제까지인지 돈 버는 기간 설정.(20○○년 ○○월 ○○일까지) ④ 그 돈을 벌기 위해 상세한 계획 세움.(12명의 판매사를 만듦) ⑤ 앞 네 가지 원칙을 종이에 적음. ⑥ 매일 조석으로 반복하여 읽고 꿈을 꿈.

[그레그 레이드] Greg S. Reid 미국 기업가
꿈을 날짜와 함께 적어 놓으면 목표가 되고, 그 목표를 잘게 나누면 계획이 되며, 그 계획을 실행에 옮기면 꿈이 실현된다.

[브라이언 트레이시] Brian Tracy 미국 컨설턴트
최종기한이 없는 목표나 노력은 장전하지 않은 총탄과 같다. 스스로 최종기한을 정해 놓지 않는다면, 당신의 삶도 '불발탄'으로 끝나고 말 것이다. 그리고 꿈을 실현시키려면 시각화하고 그 4가지 요소인 '빈도, 선명도, 강도, 지속시간'을 실천하라.

*심리적 거리 : 숫자로 제시하고 구체적이면 가깝고 목표 달성이 쉽다. 추상적이면 멀고 목표 달성이 어렵다.

*짐 캐리는 가난한 시절에 1천만 달러 개런티를 받는 배우가 되겠다고 항상 자기가 그린 1,000만 달러 수표를 지갑에 소지하고 다녔다. 결국 2,000만 달러까지도 받게 되었다. 이러한 이미지 트레이닝 방법은 세계를 들어올린 **장미란**도 시합 전에 경기장에 나가서 역기를 번쩍 들어올리는 모습을 무수하게 떠올렸다. 한판승의 사나이 **이원희**도 시합상대를 메치는 장면을 무수하게 떠올리는 훈련을 통하여 큰 효과를 보았다.

*시냅스 가소성(Synaptic Plasticity 可塑性) : 두뇌 생리학적으로 뇌의 기억 회로를 바꿀 수 있는 유연성. 최면의 원리가 시냅스 가소성이다. 이는 생각의 양자생물학자 브루스 립튼의 생각이 인체를 바꿀 수 있다는 '후생학'과 상통한다.

국장
홍길동
월 1,000 남
매일 5명 가만이
20○○.○.○○까지

[가만이]
가서
만나고
이야기 함

[성공 프로세스]
1. 목표 설정
2. 이미지 트레이닝
3. 시냅스 가소성
4. 행동 실천

26 인생 시나리오 작성하기

시간이라는 존재는 원래 없다. 시간은 사건의 순차성이다. 그러므로 시간(사건=공간)은 선택할 수 있다. 인생 시나리오 작성으로 미래의 좋은 사건(양자세계)을 선택하여 현재로 가져올 수 있다. 인생 시나리오를 작성한 다음 부단히 이미지 트레이닝을 하여 뇌의 구조를 바꾼다.* 미래의 사건 현장에 굳게 서서 미래 사건에 도취해 사는 것이다.

온라인에서는 애터미 홈페이지〉로그인〉나의 인생 시나리오 페이지에서 작성한다. 온라인 방식은 수시로 업그레이드 하고 수정할 수 있어서 편리하다. 하나씩 수정하려면 이미지 클릭〉수정〉확인〉수정(저장)을 누른다.

[라이프 플랜]

꿈은 희망(성공의 에너지)의 다른 말이다. "희망이 없을 때에 유일한 희망은 희망을 갖는 것이다." "꿈을 이루지 못한 것보다 이룰 꿈이 없는 것이 더 불행하다." 꿈이 있고 없고의 차이는 500배이다. 그냥 '좋은 집'이 아니고 정확하게 '00아파트 00평을 사겠다'라고 '생생하게' 작성한다. 생생하거나 구체적일수록 '심리적 거리'가 가까워진다. 시나리오 작성에서 필수적인 내용은 구체적, 금액, 기한이다.

다음 요소 중 각각 2개씩 목표를 선택하고 그림을 넣어 시각적으로 작성한다.

[STEP 01] **육/Flesh/잘 살며** : 차, 저축, 집, 일, 현금, 건강, 별장, 나(노후), 사업

[STEP 02] **혼/Soul/배우고** : 취미, 여행, 여가, 교육, 배움

[STEP 03] **영/Spirit/사랑하고** : 아내, 결혼, 가족, 자녀, 부모님, 효도, 신앙, 관계, 친구, 남편

[STEP 04] **환경/Environment/공헌하기** : 기부, 장학금, 봉사, 자연보호, 지구촌 나눔, 입양

[직급달성 플랜]

각 직급별, 날짜, 금액 등을 정하여 직급 달성목표를 구체적으로 정한다.

***이미지 트레이닝**(마음 조각하기) : 두뇌는 상상으로 하는 것과 실제로 하는 것을 구분하지 못한다. (이안 로버트슨)

구체적인 목표를 정하고 부단한 이미지 트레이닝

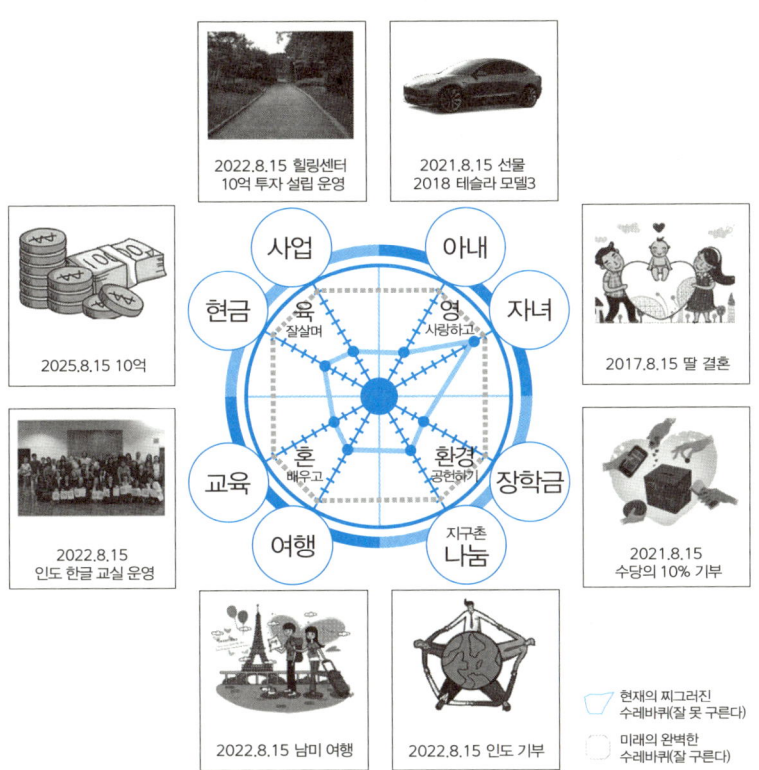

(나의 인생 시나리오 페이지 바로가기. 로그인 하고 작성합니다)

27 거절률 0%로 처리하는 방법

"고객의 62%는 가짜 거절이다. 진짜 거절은 38% 정도이다."라는 것이 과학적 마케팅 기법의 원조인 미국의 프랑크 베트거(Frank Bettger)의 연구결과이다.*

우리가 겪는 '부정적' 시각과 생각은 나도, 너도, 애터미의 잘못도 아니다. 사람들이 원래 부정적이고 몰라서 벌어지는 자연스러움이다. 뭐가 거절을 당했냐? 당신인가? 아니면 '제안'인가? 그걸 혼동하기 때문에 화가 나는 것이다. 사람들은 '나'보다 '제안'을 거절하는 것이다. 애터미를 권유했을 때에 당신이 거절당한 건 아니니까 거절당했다고 의기소침하거나 인격에 상처받을 일은 아니다.

'거절'을 영원히 싫어요(Never)가 아니라 '아직은 싫다(Not yet)'라는 뜻으로 받아들이면 된다. 거절은 실패가 아니다.* 거절자는 담담하게 명단의 '맨 뒤로 보류'해 놓는다. 이것이 거절 처리의 현명한 방법이다.

애터미에서 성공하려면 '거절을 즐겨라'. 나의 라인 하위 파트너들은 과거 내가 감당한 'NO'의 축적과 증거의 그래프이다. NO가 많이 쌓여야만 성공하게 되므로 'NO=성공의 벽돌'이다.

애터미는 사람들에게 도움이 되고 좋은 회사임이 분명한 사실이므로 시간이 문제이지 언젠가는 사람들이 받아들일 것이다. 애터미 사업자는 사람들 '을'에게 이익을 주는 것이므로 위축될 필요없이 당당하게 '갑'의 심정으로 사업을 한다.

*유니레버사 Dove에서 10개국 3,200명의 여성을 대상으로 자신이 아름다운지 아닌지를 물었다. 4%의 여성이 아름답다고 했고 87%의 여성들은 자신이 못생겼다고 했다. 이처럼 사실과 다른데도 사람들은 열 중 아홉이 원래 부정적이다.
이에 Dove는 한 가지 실험을 했다. 내가 생각하는 나의 그림과 친구인 남이 생각하는 나의 그림을 뛰어난 몽타주 화가에게 부탁하여 그리게 한 다음 그림을 보여주면서 본인에게 비교하게 하였다. 놀랍게도 남이 보는 나는 훨씬 아름다웠다.

*사람들에게 한 번 말하는 것은 10%의 소통효과가 있으므로 100% 효과를 위해서는 적어도 10번은 말해야 한다.

사람들은 원래
열 중 **아홉**이
부정적이다.
나·너·애터미의
잘못도 아니다.

성공하려면
거절을 즐겨라
- 62%는 가짜 거절
- 거절자는 명단의 맨 밑으로 보류
- NO=성공의 벽돌
- 거절=나X, 제안O

(도브 실험 영상)

28 무의식으로 기적을 만들자

사업이 벽에 직면하면 '무의식'에 맡기자. 연구 결과에 의하면 사람은 결국 '무의식'으로 산다. 의식은 판단하지만 무의식은 판단하지 못하고 받아들이기만 한다. 무의식이 항상 승리한다. 그러므로 긍정적인 자기 암시(자기 충족적 예언)로 무의식, 즉 잠재의식에 기억시키면 기적을 만날 수 있다. 이를 피그말리온 효과*라고 한다.

자기 암시 실천 방법은 '말하기→무의식 자극→생각 변화→행동 변화→성공'으로 골인 하는 것이다.* 미래형보다 '과거완료형'으로, 나보다 남을 위해 생생하게 구체적으로 한다. 즉 "나는 20○○.○.○○까지 국장이다"라는 말보다 나의 파트너 성공이 곧 나의 성공이므로 "나는 20○○.○.○○까지 나의 파트너를 4명의 팀장+12명의 판매사로 만들었다."가 보람을 더 느껴서 뇌를 설득하는데 효과가 더 강력하다.

무의식이 습관으로 완성되려면 적어도 72시간(3일)의 정신적 몰입*, 66일의 육체적인 몰입*이 필요하다. 이후 기억은 해마*와 세포에 기억되고 습관이 된다. 그러므로 피그말리온 효과를 위해 긍정적인 자기 암시(자기 충족적 예언)로 무의식, 즉 잠재의식의 뇌회로에 기억시키면 기적을 만날 수 있다.

성공의 공식은 R(소득)=f(X나의 노력×Y주변의 도움×Z운)라고 한다. 성공하려면 나의 노력 이외에 주변의 도움과 운이 필요하다. 주변의 도움과 운은 좋은 인성의 대인관계와 '불확실성(꿈)에 도전'하면서 무의식을 잘 계발하면 얻을 수 있다.

*피그말리온 효과(Pygmalion effect) : 다른 사람에 대해 기대하거나 예측하는 바가 그대로 실현되는 경우를 일컫는다.

*자기 암시 실천 방법 : 어떤 말을 만 번 이상 되풀이하면 반드시 미래에 그 일이 이루어진다. (아메리카 인디언 금언)

*정신적 몰입 : 시간이 흐르면 엔트로피(무질서)가 증가하므로 '작심 3일'처럼 3일이 고비라는 의미이다. 흥미가 없는 주제에 대해 대부분의 성인들의 뇌는 약 20분 정도만 주의를 지속할 수가 있다. 20분 후 급격하게 떨어진다.

*육체적 몰입 : KBS특집 다큐멘터리 꼴찌탈출 – 66일의 기적 습관 변신의 보고서 (영국 런던대학 연구팀)

*해마 : 뇌의 다른 부위로 신호를 전달하는 중요한 원심성 신경섬유 역할을 한다. 학습과 기억에 관여하며 감정 행동 및 부 운동을 조절한다. 또한 시상하부의 기능을 조절하는 역할을 가지고 있다.

[자기충족적예언]

[무의식의 완성]
정신적몰입:72시간
육체적몰입:66일

말하기 ➡ 무의식 자극
➡생각 변화➡행동 변화
➡성공

20○○. ○.○○까지
나의 파트너를
4명의 팀장
12명의 판매사로
만들었다.

(66일 동영상)

29 박한길 회장의 성공비법 VDR

1조를 버는 사람은 1억을 버는 사람보다 인간적으로 1만 배나 더 열심히 일 한다는 것은 불가능하다. 실제로는 1만 배 덜 일하는데도 신기하게 1만 배 더 많이 번다. 도대체 그 차이와 비결은 무엇일까? 바로 '꿈꾸기'이다. 박한길 회장과 많은 성공자들이 다음 말을 이구동성으로 강조한다. '생생하게 꿈꾸면 이루어진다(Vivid Dream=Realization/VDR)'

박한길 회장이 아무 것도 없던 시절 첫 애터미 세미나에서 글로벌 진출, 월 5천만원 소득보장, 고급 승용차 제공의 꿈(VDR)을 외치자 참석자 17명 중 똑똑한 현실주의자 몇몇은 '말도 안돼' 하고 떠났고, 꿈을 좇는 10여명은 현재 성공자가 되었다.

박한길 회장은 "내가 먼저 미래로 가서 내가 바라는 미래를 만들어라. 미래가 현실로 올 때에는 내가 바라던 미래가 와야 한다. 이것이 성공의 법칙이다."라고 강조한다.

피카소는 유명인·억만장자 부자로 살았다. 반 고흐는 무명인·빈민으로 살다 비참하게 죽었다. 둘 다 예술적으로 천재인데 반 고흐가 좀 더 천재적이었다. 이 둘은 평생 다음 VDR을 각각 했다.

피카소는 "나는 그림으로 억만장자가 될 것이다. 나는 미술사에 한 획을 긋는 화가가 될 것이다. 나는 갑부로 살다가 갑부로 죽을 것이다." 반 고흐는 "나는 평생 이렇게 비참하게 살다가 죽을 것 같아. 나는 돈과 인연이 없어. 불행은 나를 절대로 떠날 것 같지 않아."

인생 시나리오는 우주(양자세상)*에서 성공을 끌어내는 작전 지도이다. 내용이 터무니 없어도 전혀 걱정할 필요가 없다. 왜냐하면 우주에 원래 있는 자기 것을 꺼내기 때문이다. 작성한 인생 시나리오처럼 완벽하게 성공한 자기 모습의 '먼 미래'와 매일 리쿠르팅이나 파트너들과 하는 사업 현장의 '가까운 미래'에 나를 세워놓고 생생하게 다음 6가지 감각훈련을 매일 수시로 반복한다. 사업현장에 갈 때에도 생생하게 10회 반복하고 간다.

[시각] 생생하게 형태를 그려본다. [청각] 생생하게 소리를 들어본다. [후각] 생생하게 냄새를 맡아본다. [미각] 생생하게 맛을 느껴본다. [촉각] 실제로 비슷한 현장에 가서 만져본다. [육감] 무대에 선 임페리상얼인 나를 확신한다.

***양자물리 세상** : 모든 것이 반대의 짝 즉 상보적으로 얽혀 있는 보이지 않는 저 세상에 생각이나 행동이라는 에너지를 작용시키면 눈에 보이는 이 세상 즉 고전물리 세상화 되어 나타난다.

[박한길회장의성공비법]

VDR

Vivid Dream=Realization

[6감각 VDR]

[시각] 생생하게 형태를 그려본다
[청각] 생생하게 소리를 들어본다
[후각] 생생하게 냄새를 맡아본다
[미각] 생생하게 맛을 느껴본다
[촉각] 실제로 현장 가서 만져본다
[육감] 임페리얼인 나를 확신한다

(VDR 영상)

제 7 장 | 어떻게 말할 것인가

설득 효율은 비언어적인 것이 93%라면
언어는 7% 정도이다.
고려 서희의 거란과 벌인 담판승리는
이미 비언어적인 판세를 잘 읽고
언어로 마침표를 찍은 것이다.

애터미 사업은 '입을 열면 개업,
입을 닫으면 폐업'이라고 한다.
이처럼 네트워크 마케팅에서
언어 능력은 중요 사업도구이다.
성공을 위해 잘 갖추고 있어야 한다.

01 설득은 말로 하는 것이 아니다

종종 사업자들은 "나는 말을 못해." 하고 걱정을 한다. 그러나 걱정할 필요가 없다. 마음을 여는 의사 소통법인 메라비언 법칙(The Law of Mehrabian)은 소통의 중요성으로 비언어적* 93%, 언어적 7%이다. 즉 비언어인 목소리 38%, 시각 55% (표정 35%, 태도 20%)인 데 비하여, 말은 7% 밖에 되지 않는다. '7-38-55 룰이라고도 불린다. 신체언어의 중요성을 강조하고 있다. 그러므로 비즈니스맨은 프로다운 복장, 헤어스타일, 신발 등에도 항상 신경 써야 한다.

또한 아리스토텔레스 수사학에 의하면 설득의 3요소*의 비중이 이성(로고스) 10%, 감성(파토스) 30%, 신뢰(에토스) 60%이다. 그러므로 '누가 말 하는가(신뢰)'와 '어떻게 말하는가(말하는 태도)'가 '무엇을 말하는가(말의 내용)' 보다 더욱 중요하다. 예를 들어, 한아이가 '전쟁 났다'하면 안 믿겠지만, 대통령이 말하면 전 국민이 믿는다. 이는 신뢰자본의 차이 때문이다.

이를 종합해 보면 비언어의 중요성이 압도적이므로 말보다 '시·청각'과 '신뢰'가 중요하다. 그러므로 자신의 외적·내적 가치자본을 키워야 한다.

*비언어의 중요성
-미국의 사회심리학자 앨버트 메라비언이 '침묵의 메시지'라는 논문에서 의사전달의 주요 요소 분석
-차가운 음료보다 따뜻한 차를 대접. 꽃 선물 등이 도움 된다. 물리적인 온도가 심리적인 온도에 영향을 끼친다.
-키가 작은 김제동 어머니와 무릎을 낮추고 대화한 노무현 대통령에게 김제동이 감명 받아 평생 의리를 지킴.
-게슈탈트 심리 (형태 심리)의 작동이다.

*설득의 3요소
-**로고스** (Logos) : 이성적·논리적인 말의 설득 능력이다. 설득효과 10% 정도. 화자가 청자에게 보내는 메시지이다.
-**파토스** (Pathos) : 감성적인 호소력이다. 설득효과 30% 정도. 화자(말 하는 사람)가 청자(듣는 사람)의 마음을 먼저 읽고 이해해야 청자가 마음을 연다. 소통의 방향은 화자→청자→화자이다.
-**에토스** (Ethos) : 화자의 비언어적이고 인간적인 신뢰감이다. 설득효과 60% 정도. 소통의 방향은 청자→화자이다.

[비언어의 중요성]

[메라비언 법칙]
(비언어적 93% : 언어적 7%)
시각적 요소: 55%
표정이나 몸짓
청각적 요소: 38%
목소리의 크기나 음색
언어적 요소: 7%
말의 내용

[아리스토텔레스]
이성(Logos) : 10%
감성(Pathos) : 30%
신뢰(Ethos) : 60%

02 머리 귀와 가슴 귀

사람들은 2개의 귀를 가지고 있다. '머리 귀(로고스적)와 가슴 귀(파토스적)'다. 머리 귀가 이성적-논리적-의식적-표면적이라면, 가슴 귀는 감성적-본능적-무의식적-내면적이다.* 머리 귀로 이해하는 것보다 가슴 귀로 이해하는 것이 보다 더 깊게 새겨진다. 진정한 사업 리더가 되려면 사업에 대한 이해와 열정이 얕은 머리 귀를 뛰어 넘어 가슴 귀가 열려야 한다. 가슴 귀가 활짝 열린 것을 "뚜껑이 열렸다"라고도 한다. 대상에 대하여 감동한 것이다.

머리 귀는 믿음이 가지 않는 무조건을 싫어한다. "이러니까 이런거야"라는 근거를 대면서 논리적이어야 알아듣는다. 반면 가슴 귀는 논리적인 것에 머리 아파하고 싫어한다. 그냥 "싸고 좋아 써봐"하는 직감적인 것을 좋아하고 이해한다.

머리 귀인지 가슴 귀인지 상대방에 맞게 말할 수 있어야 사람들과 공감할 수 있다. 사업에서 리더가 되려면 2개의 귀가 활짝 열려 있어서 모두 들을 수 있어야 하고, 상대가 누구라도 '상대방의 귀에 맞춤'으로 말할 수 있어야 한다. 네트워크 사업은 설득사업이기 때문이다.

일반적으로 남성은 여성보다 이성적이므로 머리 귀가, 여성은 남자보다 감성적이므로 가슴 귀가 더 발달한 편이다. 청중이 주로 여성들인 경우에 공감을 위해 강사가 가슴 귀에 대고 감성 팔이 식으로 말하는 경우가 있다. 이때에 함께 참석 중인 몇몇 머리 귀가 발달한 남성들이 가슴 귀에 들려주는 말을 이해하지 못하여 "뭐야 내용도 없이" 하고 불만족할 수도 있다. 이 경우에 못알아 듣는 사람에게 문제가 있는 것이다. 적어도 사업 리더라면 2개의 귀를 활짝 열어 어떠한 상황도 듣고 이해해야 한다.

* 머리 귀는 이성의 뇌인 전뇌적이고, 가슴 귀는 감성의 뇌인 중뇌적이다.

[귀의 종류]

머리귀
가슴귀

[귀의 특성]

- **머리귀**(로고스적):
이성적, 논리적
의식적, 표면적

- **가슴귀**(파토스적):
감성적, 본능적
무의식적, 내면적

03 말의 힘 1 : 플라시보와 노세보

두 맹인이 구걸했다. "저는 불쌍한 맹인입니다", "하늘이 이렇게 맑고 아름다운 데 나는 볼 수가 없습니다." 후자의 실적이 훨씬 좋았다. 이처럼 같은 뜻 다른 말을 '야'와 '어'가 다르다고 한다. 그러므로 긍정의 에너지를 위해 "왜 그리 못하니?"보다 "더 잘할 수 있잖니?"로 이왕이면 긍정적으로 말한다.

부정은 긍정*보다 말의 힘이 2배 이상이다. 실험에 의하면 긍정적인 '플라시보 효과'*는 가짜 약의 진짜 효과가 30% 정도이다. 부정적인 '노세보 효과'*는 진짜 약의 비효과가 70% 정도이다. 부정적인 말은 말한 사람이 제일 먼저 듣고 스스로 나쁜 영향을 받게 된다. 일종의 자살골이다.

말에는 긍정과 부정의 에너지, 밝고 어두운 컬러, 확신과 회의의 신념, 성공과 실패의 믿음이 있어서 "말은 무의식을 자극하여 생각을 바꾸고 행동을 바꾼다." 생각의 양자생물학자 브루스 립튼의 '후생학'*에서도 '생각이 인체를 바꿀 수 있다'고 한다.

에모토 마사루의 '물의 신비'에서 칭찬을 말해 준 물의 얼음 결정은 아름다웠고, 저주의 얼음 결정은 추악했다. '먹거리 X파일'의 실험에서도 칭찬의 말을 한 쌀밥은 좋은 곰팡이와 향기, 저주의 말을 한 쌀밥은 나쁜 곰팡이와 썩은 냄새를 풍겼다. 양파의 실험에서도 '사랑해'라는 말을 들려주고 글을 붙이면 잘 자라고, '미워'라는 말을 들려주고 글을 붙이면 잘 안자란다. 글도 '젊은, 강한, 생동감 있는, 청년, 아름다운, 힘 있는' 등을 보면 발걸음이 빨라지고 힘이 나지만, '늙은, 약한, 활력 없는, 노년, 못생긴, 힘없는' 등을 보면 발걸음이 처지고 힘이 빠진다.*

* 플라시보 효과(Placebo effect) : 심리적 효과를 얻으려고 실제로는 약리학적으로 생리작용이 없는 물질로 만든 비활성 약을 말한다. 가짜 약을 먹고도 환자가 믿어서 차도가 있는 현상
* 노세보 효과(Nocebo effect) : 실제로는 무해한 것이지만 해롭다는 암시 혹은 믿음으로 인해 부정적 효과가 야기되는 현상을 말한다. 진짜 약을 먹고도 환자가 믿지 못해 차도가 없는 현상.
* 긍정의 재발견 : 24살 때 같은 사건을 보고 젊은이들은 두 그룹으로 나누었다. 미래를 낙관적으로 전망한 젊은이들은 "그럼에도 불구하고", 미래를 비관적으로 전망한 젊은이들은 "그렇기 때문에"라고 하였다. 70년 뒤 비관적인 사람들은 더 빨리 병들어 죽었다.(조셉T.헬러넌)
* 후생학 : 유전자가 아니고 환경적(생각)·후천적으로 형질이 발현됨.

[말의힘1]

(맹인의 구걸)

(형제의 갈린 운명)

[말의 힘]
언어→무의식 자극→
생각 에너지→행동 변화
후생적 조절

플라시보(긍정)
(가짜의 진짜 효과 30%)
노세보(부정)
(진짜의 가짜 효과 70%)

(말의 힘1: 물)

(말의 힘2: 밥)

(말의 힘3: 글)

04 말의 힘 2 : 첫인상

'초두 효과*'는 첫인상을 말한다. 첫인상은 심리학적으로 일관성의 오류로서 처음 내린 판단이 상황이 바뀌어도 첫 판단을 계속해서 지속하려고 하는 성질을 말한다. 그렇기에 첫인상이라는 것은 자신의 이미지를 각인시키는 것이다. 각인은 지워지지 않는다. 동물이 태어난 직후 배우는 행동양식인 각인(Imprinting)도 일종의 첫인상이다. 미국 배우이자 가수인 주디 갈랜드(Judy Garland)는 "첫인상은 누구도 두 번 줄 수 없다. 그러나 첫인상의 위력은 의외로 막강하다."라고 했다.

좋은 첫인상은 자기 일의 자부심, 높은 자존감(자기 자신의 긍정적인 평가와 사랑하는 자세), 자신감, 외모, 적극적인 악수(스킨십), 좋은 향, 눈 맞추기, 경청, 긍정적인 말 등이다. 특히 긍정적인 말에서 처음 대화할 때에 가능한 '따뜻한' 말이 들어가는 문장을 쓰자. "마음이 따뜻하네요./따뜻한 차 드세요./옷을 따뜻하게 입으세요./겨울에는 실내 공기가 따뜻해야 해요." 등등 긍정적인 첫인상을 주게 된다.

솔로몬 애쉬*의 연구에 의하면 사람의 중심특성과 후광효과에 영향을 끼치는 결정적이고 마법적인 언어는 '따뜻한/차가운'이다. 이 외의 '똑똑한/부지런한/숙달된' 등등의 기타 언어는 그다지 영향을 끼치지 못하는 주변특성이라고 한다. '따뜻한' 말이나 의미는 상대방에게 긍정적인 효과를 주게 되고 '차가운'은 상대방에게 부정적인 이미지를 주게 된다. 그러므로 '따뜻한' 차를 대접하는 것이 '차가운' 음료수보다 상대방을 설득하는데 더 큰 도움이 된다. 물리적인 온도가 심리적인 온도에 영향을 끼치기 때문이다. 긍정적인 첫 인상은 잘 바뀌지 않으며 내내 그러한 사람으로 인정을 받게 된다.

***초두 효과**(Primary effect) : 처음에 본 것이나 들은 것, 처음 머리에 입력된 것일수록 다른 것에 비해 기억에 남기 쉽다는 심리작용. 새가 처음 본 대상을 어미로 생각하는 각인(Imprinting)도 같은 효과이다. 책제목과 첫 문장 등이 해당된다.
***솔로몬 애쉬**(Solomon Asch) : 미국의 사회심리학자(1907~1996)로 사람들이 공개적으로 반응을 해야 하는 상황에서 타인을 따르려는 성향의 동조를 연구했다.

[말의 힘2]

초두 효과
(마법의 중심 특성)

따뜻한 : 긍정
차가운 : 부정

따뜻한 마음(칭찬)
따뜻한 공기(염려)
따뜻한 차(대접)
따뜻한 옷(관심)

05 초기 대화법1_1:1 미팅

파트너와의 대화는 시간이 걸리더라도 가능한 1:1로 만나야 대화에 집중할 수 있다. 대화 집중도는 대화 상대가 1명이면 100%, 2명이면 50%로서 사람 수에 따라 1/N로 떨어진다.

한꺼번에 회원 가입을 욕심내어 동창회나 친구들 모임에서 전체를 대상으로 애터미 이야기를 하면 실패할 확률이 크다. 왜냐하면 정상분포*의 원리로 친구들 중에는 긍정적인 사람도 있지만 부정적인 사람도 반드시 있기 마련이다.

100% 가짜인데 30% 유효인 '플라시보' 긍정 효과보다 100% 진짜인데 70% 무효인 '노세보' 부정효과가 2배 이상 강력하다.

그러므로 한 명이라도 "야, 그거 하면 망해"라고 말하면 중립과 긍정적인 사람들이 부정적으로 돌아서게 된다. 초기 사업자들이 소중한 사람들을 한꺼번에 잃게 되는 주의해야 할 실패 요인이다.

그러나 말로 하지 않고 다수에게 알리는 방법도 있다. 예를 들어 화장품 같은 제품 시연회를 하는 것이다. 동창들과 1박2일 여행을 간다면 여자 친구들에게 세안과 기초 화장품을 가지고 오지 말라고 하고 사업자가 준비하여 가지고 간다. 저녁에 친구들에게 즐겁게 화장품 체험 시연회를 하면 말 안 해도 자연스럽게 알려지게 된다. 친구들이 관심을 가지고 질문하기도 하며 회원 가입도 시킬 수 있다.

***정상분포** : 통계적으로 10명의 사람 집단은 대략 초긍정 1 : 긍정 2 : 중립 4 : 부정 2 : 초부정 1 정도로 분포한다. 정확하게는 초긍정 7% : 긍정 24% : 중립 38% : 부정 24% : 초부정 7%의 분포이다.

[초기대화법1]

1:1로 미팅하라

[대화집중도]

대화상대 1명 = 100%

대화상대 2명 = 50%

대화상대 수 = 1/N

06   초기 대화법2 : Yes 획득법

처음 대화를 할 때에 할 말이 별로 없어서 주저하고 말을 안하면 공감대가 끊어지고 상대방의 마음을 열 수 없다.
이 경우에 요긴한 방법이 예스 획득법인 'Yes-Taking법'이다. 이 대화법은 반드시 Yes가 나올 수밖에 없는 가볍고 부담 없는 질문을 상대방에게 던지는 것이다.
예를 들어,
"오늘이 8월 14일이지요?" "예."
"그럼 내일은 광복절이네요."
"예. 그러네요."
"와! 사무실 전망 좋네요. 이쪽이 한강이죠?"
"예, 그렇습니다."
이렇게 예스를 반복하다 보면 신경언어적 그리고 무의식적으로 상대방에게 긍정적인 마음이 형성되어 대화를 부드럽게 진행할 수 있다.

[초기 대화법2]

YES·TAKING 법

반드시 '예스'가 나올 수밖에 없는 질문하기

"오늘이 8월 14일이지요?"
"예."
"그럼 내일은 광복절이네요."
"예. 그러네요."
"와! 사무실 전망 좋네요. 이쪽이 한강이죠?"
"예, 그렇습니다."

07 초기 대화법3 : 샘플

샘플·기념품·선물 등 작더라도 무엇인가 받는 사람은 주는 사람에게 심리적인 빚을 지게 된다. 그러한 이유로 샘플 방법은 '체험 마케팅'에서 많이 활용된다. '샘플' 제공은 로버트 치알디니의 '설득의 심리학' 중에서 '상호성의 법칙'에 해당된다. 이 법칙은 작은 시도로 큰 변화와 놀라운 힘을 이끌어내는 '스몰 빅' 중의 하나로 호감이 호감을 부르는 것이다.

애터미를 상대방에게 처음 언급하는 것이 제일 어렵다. 체험 마케팅은 상대방의 마음을 열고 처음 애터미에 대한 대화를 이끌어낼 수 있는 좋은 방법이다. 애터미 본사에서는 원가 절감 차원에서 샘플 마케팅을 절대 하지 않는다. 그럼에도 회원이 사업을 하려면 자기 형편에 맞게 스스로 최소 비용과 최소한의 자기 투자는 해야 한다. 일종의 대가 지불이다. 그러나 사용했더라도 본사반품이 가능하므로 안심하고 본품이나 일부분을 샘플처럼 활용한다.

사람들을 만날 때에 상황에 맞게 다음처럼 한두 가지를 샘플을 항상 준비하면 대화를 이끌어내기가 매우 쉬워진다. 예를 들어, 술이나 건강과 관련된 경우에는 헤모힘-홍경천밀크씨슬-유산균-오쏘팔메토-소포라퀸-비타민C-파인자임 중에서 1개 정도 맛보기로 제공하면 대화의 실마리가 된다. 일상 생활과 관련해서는 50g 치약과 칫솔 정도, 여자의 경우 화장품 종류로 핸드크림-선크림-비비크림을 발라주는 정도면 크게 비용이 들지 않는다.

사람을 만나러 갈 때에 필수 준비물은 '들어 줄 마음자세, 명함, 카탈로그, 샘플' 등이다. 평상시에도 준비물에 잊지 말고 익숙해지자.

[초기 대화법3]
(상호성의 법칙)

애터미를 상대방에게 **처음** 언급하는 것이 제일 어렵다.

처음 대화에서 작은 시도로 큰 변화를 이끌어낼 수 있는 맛보기용 **샘플**을 활용하면 좋다.

08 초기 대화법4 : FORM

애터미는 마음 사업이므로 '마음열기'가 모든 일의 우선이다. 사람들의 마음을 열려면 공감대를 형성해야 한다. 초기 미팅에서는 세상 관련 이야기 80%, 일(사업) 관련 이야기 20%가 적당하다.

사업을 얘기할 기회가 안 되면 조바심이나 부담 갖지 말고 처음 얼마동안 또는 첫날에는 경청이나 가벼운 대화를 하면서 놀아준다. 이 방법은 씨뿌리기 전의 밭갈이와 같다. 대화를 자연스럽게 풀어나가기 위해 다음 FORM(폼 잡고 이야기) 기법을 활용한다.

F(Family): 본인, 가족, 친구, 주변 지인들의 이런 저런 안부를 묻다 보면 건강 이야기가 나오게 된다. 애터미의 헤모힘, 유산균, 비타민, 오메가3, 홍경천 밀크씨슬, 오쏘팔메토, 소포라퀸 등이 연결되어 소개할 수 있게 된다.

O(Occupation): 직업·직장과 관련한 고민과 고충의 이야기를 나누다 보면 B플랜으로 애터미 사업을 소개할 수 있는 실마리가 나온다.

R(Recreation): 즐겁게 취미 이야기를 하다 보면 애터미의 관련 상품이나 사업을 소개할 수 있는 실마리가 나온다.

M(Money): 누구나 관심 있는 경제 이야기를 하다보면 경제난, 노후문제 등의 이야기가 오가고 그 해결책으로 애터미 시스템과 관련 상품으로 미래 비전을 제시할 수 있는 실마리가 나온다.

[초기 대화법4]

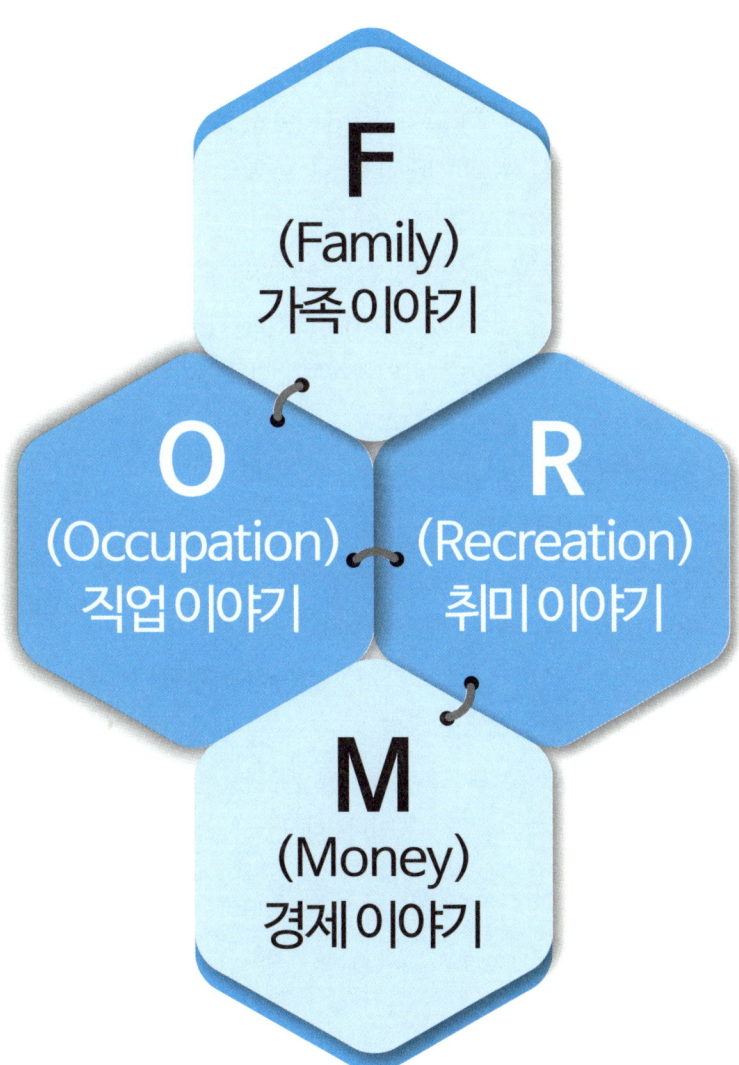

09 공감기법1 : 경청

실시간으로 빠르게 상대와 공감하려면 나의 말보다 상대방과 관련된 말을 하면서 주로 '경청'한다. 경청으로 상대방에게 말을 가능한 많이 하게 하여 상대방이 생각을 토해내고 마음을 비우게 하는 설득의 선행 작업이다.* 이후 상대방의 빈 마음에 나의 의도로 채워 넣어 상대방을 쉽게 설득할 수 있게 된다.

또한 경청하면 상대방의 정보·지식·인간성 습득, 상대방과 좋은 관계, 상대방의 자기만족 부여, 상대방의 신뢰 구축, 상대방 문제 해결의 실마리를 취득할 수 있다. 경청할 때 하나를 이야기했으면, 둘을 듣고, 셋을 맞장구치는 '1-2-3기법'과 다음 비언어 공감 기법 'SOFTEN'을 활용하면 도움이 된다.

[비언어적 S-O-F-T-E-N 기법]

S(Smile): 얼굴에는 미소를 띠거나 밝은 표정을 한다.

O(Open Gesture): 팔짱을 끼거나 양 옆구리(허리)에 손을 올리지 않는다.

F(Forward Leaning): 몸을 약간 앞으로 기울이고 경청하는 자세를 보인다.

T(Touch): 악수 혹은 가벼운 스킨십을 한다.

E(Eye Contact): 눈을 상대방의 눈 또는 눈주위에 맞춘다.

N(Nodding): 상대방의 말에 가끔 고개를 끄덕인다.

*한 스님이 미국에서 종교학 교수에게 선에 대하여 설명하는데 "비논리적이고 이상하다"라며 의심하고 납득하지 못하였다. 그러자 스님은 "차 한 잔 하시지요" 하면서 찻잔을 내밀고 차를 따랐다. 차가 흘러넘치는데도 멈추지 않고 계속 부었다. 교수는 놀라서 "스님, 차가 넘치고 있습니다."라고 외쳤다. 스님은 조용히 말했다. "당신의 마음도 이 찻잔과 똑 같이 꽉 차있어서 더 이상 부을 공간이 없습니다. 먼저 당신의 마음을 비워야 선을 이해할 수 있습니다."

[공감기법1]

[경청]
상대방의 생각을 토해내고 마음을 비우게 하는 선행작업.

[1-2-3기법]
1배 말하기, 2배 듣기, 3배 맞장구

[비언어적 기법]

S : 웃는 얼굴 (Smile)
O : 열린 몸짓 (Open Gesture)
F : 앞으로 기울이기 (Forward Leaning)
T : 적당한 신체 접촉 (Touch)
E : 눈 맞추기 (Eye Contact)
N : 끄덕이기 (Nodding)

10 공감기법2 : 리액션(추임새)

말하는 상대와의 공감은 리액션(Reaction 반응)이 도움 된다. 적극적인 리액션은 우리 국악의 "얼쑤" 같은 추임새이다. 상대방을 신바람 나게 한다. 말하는데 듣는 사람의 반응이 없으면 말하는 사람의 맥이 빠지므로 공감에서 실패할 수 있다.

방송에서 많이 언급하는 '리액션'은 방송을 재미있게 해주는 매우 중요한 요소이다. 그래서 가짜 리액션인 녹음을 쓰기도 한다. 리액션을 잘하는 출연자는 인기를 얻고 계속적인 방송출연으로 성공하기도 한다. 다음 리액션 기법을 활용하자.

<u>맞장구</u> : "아, 역시." "그렇군요." "대단하시네요." 하고 맞장구친다. 상대방은 자기 이야기에 귀 기울여 잘들어 주면 '좋은 사람'으로 인정한다.

<u>질문</u> : 상대방의 의견에 맞추고 답이 들어가지 않은 열린 질문은 상대방이 자기 이야기에 귀 기울여서 잘 듣고 있다는 의사 표현이다. 답이 들어간 닫힌 질문이나 대화와 상관없는 엉뚱한 질문을 하면 대화가 단절된다. 예를 들어, "요즘 공기가 나쁘네요." 보다 "요즘 공기가 왜 이래요?"가 더 열린 질문이다. 질문에 5W1H를 활용한다.

<u>메모</u> : 메모를 하면 상대방이 자기 이야기를 진지하게 잘 듣고 있다는 의사 표현이다. 메모를 안 하면 무성의하게 보인다.

<u>백트레킹</u>(Back Tracking): 상대방과 대화를 하면서 그때그때 정리·요약하여 다시 한번 반복하여 따라 한다. "~라는 말씀이지요?", "첫째~, 둘째~, 셋째~ 이지요? 또 다른 것은 없나요?" 하면 다음 단계로 진행할 수 있다.

[공감기법2]

[리액션]
(Reaction)

신바람 추임새

[리액션 종류]
- 맞장구
- 열린 관련 질문
- 메모
- 백트레킹

11 공감기법3 : 라포 (마음의 벨트)

나와 상대방은 처음 대화할 때 마음의 벽이 존재하고 마음은 반대로 작용한다. 일반적으로 상대방은 부정적이고 또한 거절한다. 이를 해소하는 방법으로 마음을 같은 방향으로 작용하도록 마음의 벨트를 걸어준다. '너와 내'가 '우리'라는 벨트가 되어야 공감할 수 있다. 이를 심리학에서는 친밀 관계(라포 Rapport)라고 한다. 효과적인 라포 방법은 대처할 '제3의 공동 목표*'를 만드는 것이다.

공동의 목표 : 상대방과 내가 공동으로 대처할 제3의 목표나 주제를 꺼낸다. 독점적 자본 경제, 경제 빈곤 탈출, 노후 대비, 균형잡힌 삶 등. 북한과 남한은 일본 관련 문제가 공동의 목표가 된다.

자기 개방 : 자기의 실패담(My Story), 실수담, 부족함, 고민, 꿈, 가족관련 일화 등을 얘기한다. 없으면 개그처럼 재미있게 연출하면 된다. 자랑과 거만은 절대 금물이다. 웃으면 마음이 열린 것이다.

질문하기 : 미리 조사를 통하여 알게 된 상대방의 정보를 바탕으로 질문을 많이 하여 입을 열게 하고 상대방의 이야기를 끌어낸다. FORM(가족, 직업, 취미, 경제관련) 방식도 좋다.

칭찬하기 : 상대방은 칭찬으로 호감을 느낀다. 진심으로 솔직하게 한다. 심리학적으로 과잉 칭찬도 상대방의 무의식은 받아들인다.

선물하기 : 작은 샘플이라도 선물하면 '상호성의 법칙'에 의하여 빚진 마음을 갖게 되고 상대방은 호감을 느낀다. 또한 대화의 실마리가 된다.

시각자료 보여주기 : 시각자료(샘플, 통계, 도표, 데이터)는 설득력이 43% 높이진다. '백문이불여일견'이라고 정보전달이 빠르고 쉬워진다.

아이디어·서비스 제공하기 : 상대방을 기쁘게 하고 이익이 되는 아이디어나 돈 안드는 필요 서비스를 제공한다. 서비스는 대화를 부드럽게 하므로 서비스를 끝낸 다음 본격적인 대화를 한다.

*로버스 동굴 공원 실험(Robbers Cave Experiment) : 나와 상대방이 공동으로 대처해야 하는 제3의 목표를 설정하여 적과 친구가 되는 방법의 실험

[공감기법3]

[라포 Rapport]

부정적인 초기 상대에게 친밀 관계의 형성을 위해 마음의 벨트를 걸어준다.

나와 너를 우리로 만들기

[친밀 기법]
- 공동의 목표(제3의 문제)
- 자기 개방(실패담 등)
- 질문하기(정보 바탕)
- 칭찬하기
- 선물하기
- 시각자료(설득력 43% 증가)
- 아이디어·서비스 제공하기

12 공감기법4 : 페이싱(보조)

사람들은 자기와 닮은 사람을 좋아한다. 이것을 'Like=Like 이론'이라고 한다. 또는 로버트 치알디니의 끌리는 사람을 따르고 싶은 '호감의 법칙'이라고도 한다. 협상에서 90%의 성공률을 얻어낼 수 있다.

"오늘 정말 더워요" 하는데 "난 괜찮은데요" 하면 상대방이 싫어한다. 그러므로 닮아지기 위하여 "그러네요. 더운데 시원한 물 한 잔 드세요"처럼 보조(페이스)를 맞추어줘야 한다. 이를 신경언어 프로그램*으로 페이싱(Pacing)이라 한다.

미러링(Mirroring): 상대방이 차를 마시면 나도 차를 마시는 것처럼 상대방의 행동과 몸짓을 거울 보듯이 흉내를 내는 것이다. 상대방이 의식하지 못하게 불쾌하지 않도록 자연스럽게 한다.

튜닝(Tuning) : 파토스(Pathos)처럼 상대방과 분위기를 맞춰가는 것이다. 상대방의 감정(희노애락), 상태, 생각, 신념, 가치관 등을 맞춘다. 상대방이 화가 나 있으면 "아, 그렇습니까? 죄송합니다. 검토해보겠습니다"라고 맞춰준다. 반발하면 디스페이싱(Dispacing)으로 공감은 실패한다. 무조건 "예스(Yes)"부터 나와야 한다.

매칭(Matching) : 상대방과 말하는 방법을 맞추는 것이다. 상대방 어투의 높고 낮음(고저), 느리고 빠름(완급), 수준, 단어, 표현을 맞춘다.

하나 더(Plus One) : 상대방의 말에 하나를 더하는 것이다. "요즘 경기가 안 좋아요"라고 하면 "네, 경기가 정말 안 좋아요. 특히 자영업이 안 좋아요"라고 한다. 일종의 말의 덤이다.

*신경언어 프로그램(NLP: Neuro Linguistic Programming) : 미국의 리처드 밴들러(Richard Bandler)와 존 그린더(John Grinder)가 개발

[공감기법4]

[페이싱 Pacing]
상대방과 보조를 맞추기
Like=Like 이론이라고 함.
자기와 닮은 사람에게 호감

[페이싱 방법]
- 미러링(Mirroring) : 행동
- 튜닝(Tuning) : 예스+분위기
- 매칭(Matching) : 어투, 수준
- 하나더(Plus One) : 예스+특히

13 빠른 설득 : 효과와 이익을 말하라

상대방에게 빨리 전달하고 설득하는 가장 좋은 방법은 '상대방의 이익'을 '먼저' 말하는 것이다. 결론이 우선하는 두괄식이 더 좋다. 상대방을 설득할 때에 장황하게 늘어놓지 말아야 한다. 현대인들은 바쁘기 때문에 듣는 일을 괴로워하거나 흘려듣는다. 그러므로 임펙트 있고 짧게 말하는 것이 효과적이다.

'특징으로 말 하고, 효과로 판다'라는 말이 있다. 효과는 상대방의 이익이 된다. 제품설명에서 '특징'을 말하는 것은 '판매자' 입장이고, '효과'를 말하는 것은 '구매자' 입장이다. 구매자가 제품을 사는 것은 제품 자체보다 제품으로 인한 효과를 보기 위해서이다. 그러므로 결국 구매자는 물건을 사는 것이 아니고 '효과'를 사기 때문에 '효과로 판다'고 하는 것이다.

예를 들어, "헤모힘은 당귀+천궁+백작약의~, 화장품은 4대 신기술~, 유산균은 비피더스~"처럼 제품의 특징을 열거하는 방법은 좋은 방법이 아니다.

상대방이 관심 있고 기억하는 말은 "헤모힘 먹고 ~가 좋아 졌어요", "애터미 치약 쓰고 ~가 좋아 졌어요", "애터미 화장품 바르고 ~가 좋아 졌어요" 등의 효과나 상대방의 이익과 관련된 말이 좋은 방법이다. 미팅하기 전에 상대방이 관심 있고 기억할 수 있는 각 제품의 효과와 이익을 잘 파악하고 미리 준비한다.

[빠른전달·설득]

상대방은 **효과**와 **이익**만 **관심** 있어 하고 **기억**한다.

[특징] 판매자 입장 (나쁨)
헤모힘은 당귀·천궁·백작약의 새로운 천연복합 조성물로서 면역에 도움을 줄 수 있어요.
유산균은 비피더스 등 12종이 들어 있어요.

[효과·이익] 구매자 입장 (좋음)
헤모힘을 먹고 시어머님의 ~이 좋아졌고 우리 아이의 심했던 ~가 개선되었어요.
유산균을 먹고 ~증상이 개선되었고, 가격도 타 제품의 몇 분의 1값이라 절약되요.

14 30초 스피치에 숙달되라

현대인들은 바쁘다. 들어줄 시간이 없다. 애터미 사업에서 스피치, 즉 말은 필수도구이며 피하면 사업이 불가능하다. 성공하는 사업자가 되려면 3분, 1분, 30초 극한 스피치 등에 익숙해져서 짧은 시간 안에 바쁜 파트너를 설득해야 한다.

특히 '30초 엘리베이터 스피치(Speech/Pitch)'는 스티브 잡스가 선호하여 세계적으로 유명해졌다. 할리우드의 유명 영화감독들은 매우 바쁘다. 종종 무명 시나리오 작가들이 시나리오를 설명하기 위해 엘리베이터 앞에서 무작정 감독을 기다린다. 감독이 엘리베이터에 들어가면 함께 타서 내릴 때까지 30초~1분 이내에 줄거리(시놉시스 Synopsis) 핵심을 인상적으로 설명해야 한다는 것에서 비롯된 용어다.

30초도 길다면 아주 짧은 시간 안에 파트너의 관심을 끄는 방법은 '효과나 상대방의 이익을 먼저 말한다.' 그리고 다음 기법들도 도움이 될 것이다.

- 설득하고 → 유익을 언급하며 → 숫자를 언급하고 → 확신시킨다.
- **POB** : 목적에 부합하고(Purposeful), 독창적이며(Original), 간결하게(Briefly) 사업을 설명한다.
- **NABC** (Needs, Approach, Benefit, Competition) : 스텐퍼드대 연구소 커뮤니케이션 기법으로 N은 고객의 수요분석, A는 특별한 수요 충족 방법, B는 해결책의 이익과 기대효과, C는 차별화된 경쟁력을 의미한다.
- **MECE**(Mutually Exclusive and Collectively Exhaustive) : 중복과 누락 없이 작성되는 맥킨지의 보고서나 기획서 작성기법이다.
- **EOB 법칙**(Example, Outline, Benefit) : 예시로 시작해서, 개요를 말하고, 마지막에 이익을 언급한다.
- **초두효과**(Primary Effect) : 인간의 뇌는 첫인상을 저장하므로 처음이 중요하다.
  최신효과(Recency Effect) : 마지막 순간도 깊이 기억하므로 끝이 중요하다.
- **TPO** (Time, Place, Occasion) : 시간, 장소, 상황에 따라서 복장이 달라진다.
  군청색이나 검정색 정장, 흰색 셔츠나 블라우스, 넥타이나 액세서리 포인트가 적당하다.
- 중요한 것은 3가지로 첫째-둘째-셋째 식으로 말한다.

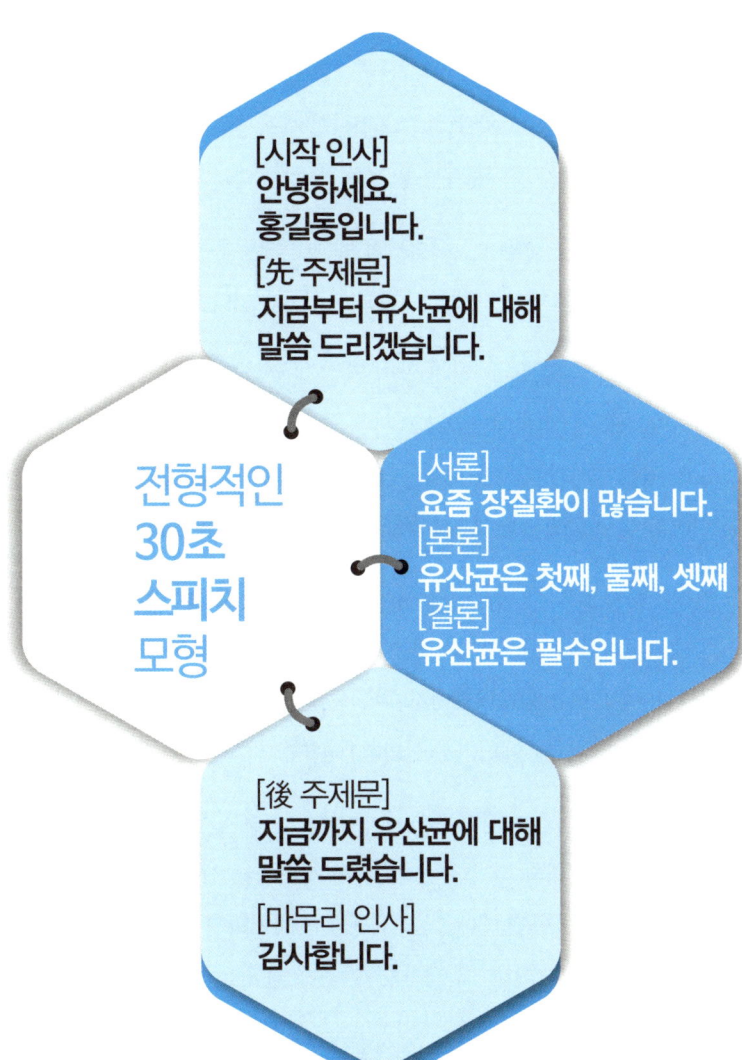

15 설득 심리 활용하기

설득 과학자인 미국의 로버트 치알디니*가 정리한 다음 몇 가지 설득의 심리법칙을 활용해 보자. 작은 차이가 큰 차이를 만드는 '스몰 빅'의 효과가 있다.

일관성의 법칙 : 작지만 치약이나 칫솔처럼 애터미 제품을 한 가지라도 체험하고 좋다는 사람은 나중에 애터미 전체에 신뢰하고 관심을 보인다. 참여가 중요하다.

사회적 증거의 법칙 : 사람들은 '가장 많이 팔린 상품이 더 많이 팔릴 것이다.'라고 믿는다. 애터미가 나중에 국내 네트워크 회사들 중 매출 1위, 회원수 1위, 성공자수 1위를 달성하고, 또한 회사가 원칙을 지키는 정직한 회사로 가치를 인정받을 것이다. 이렇게 되면 여러 관련 매체에서 반복 보도되므로 사람들이 신뢰하게 된다.

권위의 법칙 : 사람들은 상 받은 상품, 큰 체구, 높은 직책, 우아한 옷차림에 약하다. 애터미와 긴밀한 파트너인 한국원자력연구원과 같은 국책기관, 한국콜마 같은 세계적인 연구기관, 세계 100대 과학자이자 우주식품을 개발한 박사 등의 사회적 지위가 권위로 작용하여 사람들은 애터미를 신뢰하게 된다.

희귀성의 법칙 : 한정 판매에 사람들은 더 몰린다. 이 경우 이익+희소성+손실의 내용이 혼합되어야 한다. 이러한 원리로 애터미에서 성공하는 사람들이 많아지고 주변이 애터미 회원 가입이 일반화될 때에, 아직 회원으로 가입하지 않은 사람들이 소외감과 상실에 대한 두려움으로 가입을 더 쉽게 할 수 있게 된다.

***로버트 치알디니**(Robert B. Cialdini) : 설득의 과학 연구에 집중하고 있음. 설득·협력·협상 분야의 세계적인 전문가. 여기서 예로 든 4가지 법칙 이외에 상호성의 법칙(142쪽)과 닮은-칭찬하는-협력하는 사람에게 호감을 갖는 호감의 법칙152쪽)은 앞에서 설명하였다.

(설득의 법칙)

[스몰빅]
작은 차이가 큰 차이를 만든다.

[설득의 심리 법칙]

- 일관성의 법칙
- 사회적 증거의 법칙
- 권위의 법칙
- 희귀성의 법칙

16 부정 완충 대화법 : Yes·But

마케팅 비법에 의하면 고객의 62%는 가짜 거절이고 진짜 거절은 38% 정도라고 한다. 또한 일반적으로 사람들은 87%, 즉 열 중 아홉이 원래 부정적이다. 제안을 받는 상대방의 부정적·거절은 '당연'한 것이다. 누구의 잘못도 아니다.

그러므로 거절에 대한 제안자의 심적 충격을 완화시키면서 상대방의 반감을 누그러트릴 수 있는 대화법이 필요하다. 이 경우에 다음 3가지가 필수적으로 들어가야 한다. '1) 아, 네(Yes)*, 2) 상대방의 말 중의 핵심 키워드, 3) 그러나(But)'이다. 상대방에게 바로 반박하지 말고 먼저 "아, 네, ~"로 받아서 상대방을 누그러트린 다음, "그러나"가 들어가면서 나의 의견으로 상대방을 설득하는 마법의 대화법이다.

■ (헤모힘) <u>비싸요.</u>
아, 네~. 비싸다고 생각하는 분들도 있습니다. 그러나 실제로는 보약에 비해 1/8 정도의 가격입니다. 독성도 없습니다.

■ (헤모힘) <u>필요 없어요.</u>
아, 네~. 아주 건강한 사람들에게는 필요가 없겠지요. 그러나 현대인의 반은 반건강인입니다. 요즘 너무 많아지고 있는 각종 질환 케어에 결정적인 도움이 될 겁니다.

■ (애터미) <u>돈이 안 되요.</u>
아, 네~. 처음부터 목돈은 안 됩니다. 그러나 농장의 원리처럼 3~5년 포기하지 않고 꾸준히 사업을 하면 직장생활 20년 연금 소득 이상이 됩니다. 그리고 가격이 싸서 구입과 동시에 절약 소득=내부 소득=즉시 소득이 발생합니다.

*상대방을 누그러트릴 수 있는 말의 예 : "정말로 그렇습니다. 과연 날카로운 지적입니다. 저도 그 점이 중요하다고 생각합니다. 처음에는 모두 그렇게 말합니다. 일반적으로 그렇게 생각합니다. 아네, 저도 전적으로 동의합니다."

[Yes · But]

부정적인 사람 : 87%
가짜 거절 : 62%
진짜 거절 : 38%

[3가지 키워드]

- 아, 네(Yes)
- 상대방 키워드
- 그러나(But)

17 마무리 대화법

제품 상담이나 사업설명을 아무리 열심히 하고 잘하더라도, 또는 상대방을 설득하고 공감을 얻었더라도 '마무리'하지 않으면 시간이나 날짜가 지나도 성공으로 연결되지 않는다.

'마무리 진입 질문'은 상대방의 이해를 확인하고 상담을 마무리하는 시작이다. 이때에 "어떻습니까?"로 시작하는 것이 부드럽다.

'대차대조 요점 질문'은 상대방에게 요점을 다시 한 번 각인시키는 단계이다. 제품의 부정적인 측면을 언급하고, 긍정적인 측면을 강조하는 대비효과로 상대방의 걱정과 망설임을 해소시켜주는 방법이다.

'결론 취득 질문'은 거래의 최종적인 마침표를 찍는 단계이다. 이때에 "만약에"로 시작하면 상대방을 압박하지 않는 부드러운 질문이 된다. 결론이 없으면 사업자는 시간이 지날수록 고민하고 답답하여 스트레스를 받게 된다.

[마무리 진입 질문]
어떻습니까? 애터미(헤모힘, 유산균, 화장품) 이해가 되셨나요?

[대차대조 요점 질문]
헤모힘(유산균, 화장품)이 비싸다고 하셨지요? 그러나 4개월 치 가격이니까 실제로는 보약 보름 치 가격에 비해 1/8밖에 안 되는 가격입니다.

[결론 취득질문]
만약에 애터미에 가입하신다면(또는 헤모힘, 유산균, 화장품을 구입하신다면) 언제쯤 가능하실까요?

[Closing]
상담의 열매이다.

[마무리 질문 단계]

1) 마무리 진입 질문
 "**어떻습니까?**"
2) 대차대조 요점 질문
3) 결론 취득 질문
 "**만약에**"

18 최고의 성공 비결 : 그냥 말하라

도전의 가장 큰 걸림돌은 능력도 노력도 아닌 '선입견'이다. 잠깐 부끄러우면 하루가 행복하다. 남의 시선을 극복하면 상상도 못할 일들을 시작할 수 있는 자신감이 생긴다. 용기의 왕이 되어라. 잘하고 못하고는 문제가 안 된다. 안하는 것이 문제이다. 애터미 사업을 하는데 이런저런 방법에 골치 아프다면 복잡하게 생각할 필요 없다. 고민하지 말고 먼저 써 본 다음 그냥 말하라. "애터미 아세요? 싸고 좋아요 써봐요, 써보고 좋으면 혼자 쓰지 말고 주변에 소개해줘요"라고.

애터미 제품은 품질이 좋고 싸기 때문에 정보만 전달하면 저절로 팔린다. 좋은 영화나 맛있는 음식점을 주변에 권하는 것처럼 한번 써보면 이웃에 자랑하게 되고 입소문으로 확산된다. 그러므로 입이 가벼운 사람이 정보 전달을 쉽고 빠르게 말하기 때문에 성공 가능성이 더 크다. 입이 무거운 사람도 걱정할 필요가 전혀 없다. 애터미는 회원과 포인트를 무한공유할 수 있기 때문에 자기 아래에서 언젠가 '나불나불' 말 잘하는 사람이 나와서 활동하면 내가 말한 것과 똑같은 효과를 내게 되어 있다.

애터미 사업을 말하기 전에는 내가 고민하지만 그냥 말하고 나면 애터미를 할지 말지를 상대방이 고민한다. 이를 '지맘의 법칙'이라고 한다. 많은 사람들에게 열심히 말하다 보면 그중에서 승낙하는 몇몇 사람들이 성공의 토대가 된다. 여러 사람에게 말할수록 승낙받을 성공 확률은 높아진다.

결론적으로 입을 열어 아무렇게나 형식 필요 없이 애터미 정보를 말한다. 오직 '말할 용기'만 필요하다. 이것이 평범한 사람들의 실질적인 성공 비결이다. 말할 용기가 없는 것은 100도 이하의 물과 같고, 용기가 충만한 것은 끓는 100도 임계점의 물과 같다. 임계점이 되면 열정이 폭발하여 마음의 뚜껑이 안 닫히고 열린 상태가 되므로 용기 없는 과거로 되돌릴 수 없게 된다. 그러한 경지에 도달해야 성공할 수 있다.

[최고의 성공비결]

1. 먼저 써보라
2. 임계점이 되라
3. 그냥 말하라

대화형식 불필요
아무렇게 말하라
"애터미 아세요?"
"싸고 좋아 써봐"

(나불나불 성공비법)

경제의 틀을 바꾸자 *Atomy*

이 책 전체보다 중요한 것 마음바꾸기

이 책 전채보다 중요한 것 실천하기